岡山文庫

306

岡山の近代化遺産再発見

倉敷ぶんか倶楽部 編

日本文教出版株式会社

岡山文庫・刊行のことば

岡山県は古く大和や北九州とともに、吉備の国として二千年の歴史をもち、遠くはるかな歴史の曙から、私たちの祖先の奮励とそして私たちの努力とによって、現在の強力な産業県へと飛躍的な発展を遂げております。

小社は創立十五周年にあたる昭和三十八年、このような歴史と発展をもつ古くして新しい岡山県のすべてを、〝岡山文庫〟(会員頒布)として逐次刊行する企画を樹て、翌三十九年から刊行を開始いたしました。

以来、県内各方面の学究、実践活動家の協力を得て、岡山県の自然と文化のあらゆる分野の、様々な主題と取り組んで刊行を進めております。

郷土生活の裡に営々と築かれた文化は、近年、急速な近代化の波をうけて変貌を余儀なくされていますが、このような時代であればこそ、私たちは郷土認識の確かな視座が必要なのだと思います。

岡山文庫は、各巻ではテーマ別、全巻を通すと、壮大な岡山県のすべてにわたる百科事典の構想をもち、その約50%を写真と図版にあてるよう留意し、岡山県の全体像を立体的にとらえる、ユニークな郷土事典をめざしています。

岡山県人のみならず、地方文化に興味をお寄せの方々の良き伴侶とならんことを請い願う次第です。

目　次○岡山の近代化遺産再発見

表紙カバー写真…丙川三連樋門（樋口輝久・撮影）
扉写真…………岡山禁酒會舘（國冨和夫・撮影）

第一章　近代化遺産とは

近代化遺産とは

小西　伸彦

『広辞苑』第六版（岩波書店、二〇一一年）は、「近代」を「明治維新から太平洋戦争の終結までとするのが通説」、「近代化」は「近代的な状態への移行とそれに伴う変化」と定義している。

「近代化遺産」は、文化庁が主導して一九九〇年（平成二）に始めた「近代化遺産総合調査」から使われ始めた言葉である。岡山県では二〇〇三年（平成十五）と二〇〇四年に行われた。調査の目的は、近世までの文化財に比べ、ぞんざいに扱われてきた近代の遺産を見直し、新たな重要文化財候補を発掘することであった。そこで一九九六年、文化財の登録制度を導入した。対象とされたのは主に、近代の建造物であった。当初予測された登録件数は二万五〇〇〇であったが、二〇一六年七月十五日時点の登録有形文化財は一万八八四ある。

近代化遺産とは「概ね幕末期から第二次世界大戦終了時にかけて、我が国が近代化を遂げる途上において、近代的手法を用いて建造された産業・土木にかかわる建築物・土木構造物などの総称」と定義されている（『岡山県の近代化遺産―岡山県近代化遺産総合調査報告書―』、岡山県教育委員会、二〇〇五年）。登録対象は建設後五十年を経過した建造物である。登録基準は、(一)国土の歴史的景観に寄与しているもの、(二)造形の規範となっているもの、(三)再現することが容易でないもの、の一つに該当することとされている。小誌が発行される二〇一七年から計れば、一九六七年(昭和四十二)以前の建造物までがその射程に入る。「近代化遺産」の範疇は「現代」にまで及ぶのである。

近代化遺産という言葉が身近に感じられるようになった背景には、世界遺産一覧表に記載された日本の産業遺産があると思う。二〇一四年の「富岡製糸場と絹産業遺産群」、二〇一五年の「明治日本の産業革命遺産、製鉄・製鋼、造船、石炭産業」がそうである。政府は二〇一七年、「長崎と天草地方の潜伏キリシタン関連遺産」の推薦書をユネスコに提出している。

「明治日本の産業革命遺産」は八県一一市にまたがる二三の資産から構成されている。年代は、薩摩で集成館《しゅうせいかん》事業が始まった一八五一年(嘉永四)から、八幡製鐵所《やはたせいてつしょ》遠賀川《おんががわ》水源《すいげん》地《ち》ポンプ室が操業を始めた一九一〇年(明治四十三)までである。日本の近代化は僅か五九年で完成したことになる。日本最大の産炭地が福岡県の筑豊炭田《ちくほうたんでん》である。その中心地・田川市には、「炭坑節」に歌われた煙突と竪坑櫓《たてこうやぐら》がある。しかし、石炭産業の遺構が殆ど失われた筑豊は世界遺産候補から外されてしまった。半面、筑豊の炭鉱労働者を描き続けた山本作兵衛《やまもとさくべえ》の絵画が二〇一一年、「世界の記憶（記憶遺産）」に選定された。ベートーヴェンの「交響曲第九番」自筆楽譜や「アンネの日記」と肩を並べたのである。

繁栄時期は近世であるが、島根県の「石見銀山遺跡とその文化的景観」が世界遺産に登録されたのは二〇〇七年である。二〇〇六年にはイギリス産業革命時代の産業遺産群「コーンウォールとウエスト・デヴォンの鉱山景観」が世界遺産一覧表に記載されている。二つの世界遺産のキーワードは「景観」である。今後の産業遺産登録は、遺産と遺産を歴史や産業構造などでつなぎ合わせてストーリーをつくること、つまりシリーズ化することで顕著な普遍的価値を証明するシリアルノミネーションか、景観であるとも言われている。「石見銀山遺跡とその文化的景観」は、「銀鉱山跡と鉱山町」、「鉱山と港をつなぐ街道」、「銀を積み出した港と港町」という三カテゴリー、一四資産で構成されている。つまり産業遺産を核とした近代化遺産には、景観や物語から人類が築いてきた歴史を伝えていく使命と、その遺構を活用するという任務を帯びているのである。

岡山県における産業の近代化

近世までの岡山県の中心産業は第一次産業であった。第二次産業としては、瀬戸内海沿岸の製塩業があり、県中北部に鉄山、倉敷市帯江や成羽町吹屋などには銅山が分布していた。

岡山県の近代産業を提唱した一人に小田県令・矢野光儀《みつよし》がいる。小田県（現在の岡山県西部から広島県東部）の気候が養蚕に適していることに注目し、一八七六年（明治九）、士族経営による笠岡製糸場と物産会社新見支社を開設した。岡山県の初期近代産業の牽引したのは士族授産事業であった。児島湾や日本原の開墾事業、製糸業、綿紡績業、金融業、陶器製造業など多数の新産業が誕生した。士族が商売を始めた奉還町が生れたのもその頃である。

では、士族授産事業とは何であろう。一八九六年（明治二）の版籍奉還に合わせ、大名と公家は華族、武士は士族、農工商民は平民に改められた。武士は身分的特権を失ったのであるが、家禄《かろく》などの秩禄《ちつろく》（給与）を受けることができた。しかし、その額は国家財政の三分の一を占めるものであった。そこで政府は一八七三年（明治六）、「秩禄奉還の法」を定め、公債か現金と引き換えに、自発的な秩禄の奉還を行わせた。一八七六年には「金禄公債条例」を制定して家禄制度を打ち切り、金禄公債証書発行した。秩禄を返納して受け取った秩禄数年分の起業資金を元手に、士族が商売を始めたのが奉還町である。政府はまた、その起業資金で開墾事業や新産業を興す援助を行った。それが士族授産事業である。

近代産業を経済的に支えたのが金融業であった。一八九七年（明治三十）までに四一行が興り、第一次世界大戦後は銀行設立ブームとなった。銀行は紡績業、海運業、鉄道業などの発展を下支えし、鉄道は明治時代に起こった鉄道熱（建設ブーム）に乗って敷設距離を伸ばし、流通革命に大きく貢献した。

岡山の近代化遺産

岡山県の近代化遺産を訪ねると、まず一次産業の遺産としては、果物王国・岡山の礎となった岡山《おかやま》市《し》北区《きたく》栢谷《かいだに》の原始温室がある。山内善男が士族授産事業としてマスカット・オブ・アレキサンドリアを栽培した温室である。吉備中央町の加茂葉たばこ取扱所や、広範囲に現存するたばこ乾燥小屋は、江戸時代から日本有数の葉たばこ産地であった岡山を代表する、農業の近代化遺産である。

第二次産業ではまず、工業遺産として倉敷アイビースクエア、児島や井原の鋸屋根工場《のこぎりやねこうじょう》などがある。瀬戸内海沿岸で盛んであった製塩業の遺産は、玉野市の専売局味野収納所山

吉備中央町加茂川民俗資料館

専売局味野収納所山田出張所

原始温室

岡山県庁

倉敷市立美術館

田出張所である。岡山県の重工業は、稲垣兵衛《いながきひょうえ》と加藤忍九郎《かとうにんくろう》が興した耐火煉瓦産業から始まった。備前市三石地区や片上地区には耐火煉瓦工場が多数造られた。耐火煉瓦と並ぶ重工業に造船業がある。玉野市の三井造船玉野事業所の歴史は、川村造船所に始まる。造船城下町・玉野には、造船関連の施設や医療機関が現役である。

鉱業の代表は、高梁市成羽町の吉岡鉱山、倉敷市の帯江鉱山、久米郡の棚原鉱山である。吉岡鉱山は住友と三菱、二つの財閥形成に貢献した金属鉱山である。吹屋と坂本地区には、鉱山遺構が広がっている。帯江鉱山は坂本金弥《さかもときんや》によって近代化が遂げられ、犬島には製錬所が開設された。鉱山本部に残るトロッコ軌道の擁壁《ようへき》は、全国的にも珍しい遺構である。棚原鉱山の竪坑《たてこう》はかつて、東洋一と言われていた。鉱石輸送のための専用鉄道・片上鉄道も棚原鉱山の専用鉄道として営業運転を始めた鉱山鉄道であった。

第三次産業の遺産は数多く現存する。行政機関の建物としては岡山県庁、倉敷市役所（倉敷市立美術館）、津山市役所（津山郷土博物館）、牛窓警察署（牛窓海遊文化館）、などがある。倉敷の呼松郵便局は優雅である。教育機関の代表は、津山中学校本館（岡山県立津山高等学校旧本館）、真庭市の遷喬尋常小学校《せんきょうじんじょうしょうがっこう》、岡山市北区の旭東小学校附属幼稚園《きょくとうしょうがっこうふぞくようちえん》、高松農業高等学校旧本館（三徳園農業展示室）、清心高等女学校本館（ノートルダム清心女子大

牛窓海遊文化館

法泉寺本堂

井風呂谷川
第3号砂防
堰堤

旧津山洋学資料館

岡山市民会館

学本館）である。文化施設の双璧は、犬島精錬所美術館と大原美術館である。宗教施設としては和気町の法泉寺本堂、高梁教会堂、倉敷教会堂、津山基督教図書館《つやまきりすときょうとしょかん》などがある。金融機関にも日本銀行岡山支店（ルネスホール）、第一合同銀行倉敷支店（大原美術館施設）、妹尾銀行林田支店《せのおぎんこうはいだしてん》（旧津山洋学資料館）をはじめとする魅力的な建物が多い。医療機関には津山市の中島病院（城西浪漫館）、倉紡中央病院（倉敷中央病院）などがある。

そのほか、岡山禁酒会館や岡山市民会館、山陽放送会館、陸軍第十七師団施設、津山扇形機関車庫（津山まなびの鉄道館）などの鉄道施設、高梁川の井倉橋や田井橋など室戸台風被害復興橋梁、総社市の井風呂谷川砂防堰堤《いぶろだにがわさぼうえんてい》や恩原ダム、倉敷市酒津の高梁川東西用水施設などの治水・発電施設、岡山市北区の半田山配水施設や三野浄水場施設などの水道施設、児島開墾事業で造られた締切堤防や干拓樋門なども岡山県を代表する近代化遺産である。

（吉備国際大学外国語学部外国学科）

第二章　岡山の近代化遺産再発見

一●農業編

樋口　輝久

岡山県南部に広がる平野の大半は、農地開発のために人工的に造り出されてきたものである。瀬戸内海の沿岸部は干満の差が大きく、また一級河川である高梁川・旭川・吉井川から流れ出た大量の土砂によって河口部に干潟が形成されており、干拓に適した条件が揃っていた。その干潟を順次、干拓することによって農耕地の拡大が図られてきたが、そのほとんどが近世以降に干拓されたもので、この時期に干拓技術が確立されたと言って良いであろう。近世の代表が、遊水池と樋門による排水技術を確立した幸島新田（一六八四年・五五七ヘクタール）や近世最大の干拓面積を誇る沖新田（一六九二年・一九一八ヘクタール）で、岡山藩の土木巧者と言われる津田永忠が主導した。近代の代表が、世紀の大事業といわれた藤田組による児島湾干拓事業であろう。

そして、これらの農耕地に必要なのが灌漑用水である。河川に取水堰を築造し、灌漑用水を送水するために、岩盤を掘削して高低差を克服し、また、既存の河川や用水をサイフォンや水路橋で越えて、用水路を張り巡らしてきた。自然の作用や地勢を巧みに利用しながら、こうした先人達の技術開発とたゆまぬ努力によって、岡山県が農業県となり得たのである。

本編では、近代日本の農業土木を代表する児島湾干拓と高梁川東西用水を紹介しよう。

(一)児島湾干拓

児島湾干拓のあゆみ

児島湾は、もともとは「吉備の穴海」と呼ばれ、島々に囲まれた内海であったが、干拓が進み、江戸時代の初め頃には児島が陸続きとなり湾となった。その後も小規模な干拓が行われ、江戸時代後期には岡山藩によって興除新田(一八二四年・八三二ヘクタール)が開発された。

明治維新後は、士族授産事業として旧藩士による干拓が次々を実施されたが、岡山県令(現在の知事)であった高崎五六は、総括的に干拓事業ができないかと内務省のお雇い技師ムルデルに意見を求めた。一八八一年(明治十四)、実地調査をもとにムルデルが内務省に提出した「復命書」には、第一区から第八区までの約五二〇〇ヘクタールの大干拓計画がまとめられていた。それを受けて高崎五六は、児島湾干拓は国家事業として実施するべきだとして政府に要望したが、許可されなかった。そこで、民間開発に転換し、土木・鉱山・紡績業等を広く手がけていた関西財閥の藤田伝三郎が請け負うことになった。しかし、一八八九年（明治二十二）に藤田組への開発許可が下りたものの、用排水問題や漁業補償等で反対に遭い延期を余儀なくされ、一八九九年（明治三十二）になってようやく着工された。ムルデルの計画をもとに実施設計を行ったのは、藤田組の顧問技師・笠井愛次郎で、一九〇五年（明治三十八）に第一区が、一九一二年（明治四十五）までに第二区が竣工した。その後も第三・五区、第六区が藤田組によって、戦後には農林省の手によって第七区が干拓され、現在の姿となった。なお、第四区と第八区は技術的・経済的理由により中止されている。

児島湾干拓地の農業土木遺産

近世以降、大規模な干拓事業が行われてきた児島湾周辺の農耕地では、樋門や干拓堤防など数多くの農業土木施設が造られ、今なお、その姿を見ることができる。その中でも児島湾干拓を象徴するのが、各時代を反映したバラエティー豊かな樋門群である。水平材（笠石、梁）と垂直材（樋柱）で構成される江戸期からの伝統的な石造樋門、煉瓦を用いた明治期のアーチ型樋門、昭和期に登場した表現主義タイプの鉄筋コンクリート樋門など材料も形態も実に様々な樋門が広大な干拓地に点在している。そして、瀬戸大橋線周辺から児島湖の方に向かって進むと、江戸期から明治、昭和期に至る樋門の変化を順に見ることができる。これほど多種多様な樋門が一地域に集中している例は全国的にも珍しい。

一方、干拓地の生命線とも言える堤防は、安全性、耐久性の観点から改修や嵩上げが行われており、残念ながら外堤のほとんどに手が加えられている。しかし、後年に前面の児島湾が干拓された地区では、内陸に取り残された干拓堤防に当時の姿を見ることができる。

明治期の干拓地

明治期の児島湾干拓は、第一区の加茂崎、高崎の二地区と第二区の大曲、都、錦の三地区に分けて干拓された。ここで登場したのが、煉瓦を用いたアーチ型の樋門である。煉瓦樋門は大きく分けて二種類あり、一つは第一区や第二区の大曲地区に見られる、樋管部分は煉瓦アーチとなっているが、花崗岩を多用し、切石を積んで樋柱にした上に燈籠風の笠石を載せた近代和風スタイル。もう一つは、第二区を中心に見られる、隅角部やアーチ表面には花崗岩を使用しているが、煉瓦を主体としたタイプである。なお、煉瓦は菱形の中に「サヌキ」と刻まれた讃岐煉瓦株式会社製造のものである。

第一区では紅陽台団地の東に位置する旧干拓堤防上に、近代和風スタイルの片崎、常川、宮川の各樋門が現存している。いずれも児島湾側は後に干拓されたため埋められているが、最も保存状態が良い片崎樋門から往時の姿を偲ぶことができる。一九〇〇年（明治三十三）に堤防を締め切る潮止工事が行われているため、その頃に樋門も完成したものと推測される。倉敷川に面した奉還樋門は唯一の二連樋門で、排水と通船の役割を果たしていた。一連は封鎖されたが、もう一連は内側を電動化し、今も現役である。第二区の大曲第一～三樋門は、近代和風スタイルであるが、そのうち第一、第二樋門の外側には回転板の軸受け跡が確認できる。これは用水不足が深刻な児島湾干拓地において、満潮時の二時間ほどの間に表層を漂う淡水を取り入れるために工夫された樋門である。

もう一方の煉瓦を主体としたタイプを代表するのが、かつて妹尾川に面し、都地区の排水を担っていた桜の馬場樋門で、隅石とアーチ環に花崗岩が使用され、煉瓦と石のコントラストが美しい。この樋門は国道三〇号線の拡幅工事に伴って撤去されたが、市民の強

片崎樋門

奉還樋門

大曲第二樋門

い要望により、二〇〇二年（平成十四）に二・七キロメートル離れた藤田スポーツ広場に移設保存された。丁寧に移築されたのは良かったが、水辺にあった樋門が高台に移されたため、その機能を理解するのは難しいであろう。そして、明治期の児島湾干拓をもっとも象徴する樋門が、内川三連樋門と妹尾川三連樋門である。干拓地側は煉瓦に隅石を施した四本の樋柱、児島湾側は全面石張りの扁平アーチ三連の同一デザインで、規模もまったく同じであった。樋柱に埋め込まれた楕円形の石のくぼみに一九〇四年（明治三十七）に竣功したことが刻まれている。しかし妹尾川三連樋門は、妹尾川の拡幅工事により二〇一三年（平成二十五）年に撤去された。解体した一部の石材で三連アーチをイメージしたモニュメントがすぐ脇の藤田公民館の駐車場に設置されたが、この樋門が果たしてきた役割を思えば、あまりにも虚しい姿である。なお、内川三連樋門は、樋柱上部に電動化装置を継ぎ足し、今も現役である。

児島湾のような軟弱地盤での干拓堤防の築造は困難を極めた。当初、藤田組の顧問技師・笠井愛次郎は土堤で干拓堤防を築こうとしたが、六、七割の高さまで盛った時点で瞬く間に海中に沈んでしまった。いくら関西財閥の藤田組とはいえ、多額の資金を海に捨てるようなまねは許されなかった。藤田伝三郎は農商務大輔や内務大臣を歴任した品川弥二郎に

移設された桜の馬場樋門

丙川三連樋門

妹尾川三連樋門のモニュメント

相談し、コンクリートの代用品として人造石《たたき》工法を開発した服部長七を紹介してもらった。そして、地盤を改良した上で服部人造石を採用し、三〇×四五センチメートルの花崗岩を布積した堤防を完成させた。ところが、児島湾干拓に関する各種の報告書には、服部長七の名前はおろか、人造石という言葉すら記されていない。唯一、藤田伝三郎が品川弥二郎へ宛てた礼状に服部長七の名前が残されている。知られざる児島湾干拓の歴史である。

明治期の干拓堤防のうち、第二区の児島湾に面した潮受け堤防は、堤防に沿って国道三〇号線が建設されたため、その痕跡を辿ることは難しい。一方、倉敷川に沿った大曲地区では大曲第二樋門から東側数一〇メートルの区間に三～六段ほどの布石積の堤防を確認することができる。また、第一区の高崎地区では、国道三〇号線の倉敷川橋南詰から紅陽台団地にかけて、延長約二キロメートルにわたる石積の堤防を見ることができる。しかし、前面の児島湾が第七区として干拓されたため、内陸に取り残された状態となっている。なお、片崎樋門から宮川樋門までの約一・六キロメートルは「桜堤」として市民に親しまれており、春には多くの人で賑わう。

内川三連樋門、大曲第一～三樋門、奉還樋門、片崎樋門、高崎干拓堤防が土木学会の選奨土木遺産に認定されている。そのうち、片崎樋門は岡山県の重要文化財にも指定されている。

前面が干拓された高崎干拓堤防

「桜堤」として親しまれている高崎干拓堤防

昭和期の干拓地

一九三三年（昭和八）に着工し、一九四一年（昭和十六）に竣功した第三・五区をはじめとする昭和期の児島湾干拓地における見どころは、樋柱の頂部が丸くなった表現主義タイプの鉄筋コンクリート樋門である。

第三・五区には九基の排水樋門が築造されたが、当初の姿を留めているのは、第三号樋門だけになってしまった。岡南飛行場の東に位置する第三号樋門は、一九三五年（昭和十）に完成した二連の背が低い樋門で、遊水池である阿部池の排水樋門として重要な役割を果たしてきた。浦安総合公園の間を流れる相生川の末端部に位置するのが、同地区で最大であった第六号樋門である。この樋門は、一九七六年（昭和五十一）に表現主義の特徴であった樋柱頂部を削り、電動化が行われている。なお、第三・五区では本工事に先立ち、一九一三年（大正二）から幅一〇数メートル、厚さ一～一・五メートルの撒砂を行い、堤防が築造される箇所の地盤が強化された。これによって、築堤工事中の不等沈下が生じなかっただけでなく、一九四六年（昭和二十一）の南海大地震でも被害がなかった。干拓堤防は、石積（布積）の上部に高さ約九〇センチメートルの波除コンクリートが載った構造であったが、一九八〇年（昭和五十五）から全線に渡ってコンクリート改修されたため、当初の堤防はほとんど残っていない。唯一、干拓地を工業用地に転用し、干拓堤防の一部を切り抜いて堀込み式港湾が整備された岡山港の防波堤に、当初の形態を見ることができる。

一九三九年（昭和十四）に着工し、一九五五年（昭和三十）に竣功した第六区には、妹尾川の末端部に表現主義タイプの第四号樋門が現存している。一九四二年（昭和十七）に完成したこの樋門は、三連で昭和期の樋門の中では最大規模のものである。内側（干拓地側）に新しい電動式の樋門が築造されたため、幸運にも当初の形態のまま残された。繋船場（児島湖側）から水面に浮かぶその特徴的な姿を見ることができる。第六区の干拓堤防も一九七八年（昭和五十三）からほとんどがコンクリートに改修された。第四号樋門前の繋船場に当初の干拓堤防（布積）と防波堤（谷積）がわずかに残っている。

第七区は、戦後、農林省に引き継がれ一九六三年（昭和三十八）に事業が完了したが、一九四四年（昭和十九）には本工事に着手しており、設計等は藤田組が手がけている。四地区に分けて造成された第七区のうち、もっとも早く完成した西七区（一九五一年入植開始）には、第三・五区や第六区に見られる表現主義タイプの樋門が築造された。児島湾広域農道（通称：千両街道）が倉敷川を渡る新倉敷川橋のたもとに一九四九年（昭和二十四）年頃に築造された第二樋門が現存している。

第三・五区第三号樋門

岡山港の防波堤に転用された干拓堤防

第六区第四号樋門

(二)高梁川東西用水

高梁川改修事業

高梁川の河口から左岸側の堤防道路を走っていると、倉敷市酒津付近で高梁川を横断する取水堰と、その反対側に満々と水を湛えた配水池が見えてくる。ここが倉敷、水島、玉島地域の広大な農地に灌漑用水を供給している高梁川東西用水の源である。高梁川東西用水は、一九〇七年(明治四十)より実施された内務省直轄の高梁川改修工事の附帯事業として整備されたものであるため、まずここで高梁川改修工事について少し説明しておこう。

中国山地を源とする高梁川は、流域が風化した花崗岩質のため保水性が低いことに加え、鉄穴流しによる大量の土砂の流出による河床の上昇、瀬戸内沿岸で行われていた製塩業が燃料として大量の木材を必要としたことから森林が荒廃し、たびたび、水害に見舞われていた。とくに一八九二年(明治二十五)と翌年の大洪水を契機に、国への河川改修の要望が高まり、第一期治水計画二〇河川のうちの一つとして、高梁川改修事業が着手された。それは、東西二派に分流していた高梁川を一本化する大工事であった。具体的には、小田川との合流地点である現・総社市清音古地で西高梁川を締め切り、酒津までは東高梁川へ流す。次に酒津で東高梁川を締め切って、新たな川筋を開削して、水江で西高梁川に合流させるというものであった。そこで問題になったのが、東西の旧高梁川から取水していた一二ヵ所の用水をどうするかであった。廃川となる区間や拡幅される区間の取水口は移転、改修が必要となり、結果的に一一ヵ所の取水口を合口化し、再整備する用水工事が実施された（一ヵ所はそのまま使用）。一九一一年（明治四十四）に起工式を行い、一九二五年（大正十四）に河川改修ならびに用水工事のすべてを完了した。したがって、今のような高梁川の姿になってから、まだ一〇〇年も経っていないのである。

高梁川東西用水の施設群

では、高梁川東西用水の施設を順に見ていこう。高梁川東西用水組合設立に尽力した岡山県知事・笠井信一の名をとって「笠井堰」と命名された取水堰が、高梁川の中州（妙見山）を挟んで両側に築造されている。右岸側の西堰堤は長さ一六三・六メートル、左岸側の東堰堤は二四八・一八メートルで、いずれも石張りである（一部練石）。完成当時は、左岸寄りの放水路部分にシャノア式と呼ばれる一六枚の転倒ゲートが取り付けられていたが、老朽化のため一九六五年（昭和四十）に改修されている（現在のゲートは三代目）。笠井堰で堰き止められた高梁川の水は、左岸側堤防に造られた七連の酒津取水樋門から取水され、堤防下の暗渠を通って、東高梁川の廃川跡に造られた三・一ヘクタールの配水池に流れ込む。酒津取水樋門は鉄筋コンクリート造に花崗岩の石張りをした重圧なもので、一九二四年（大正十三）に完成したものである。いったん酒津配水池に貯留された水は、砂を沈殿させた後、南北二ヶ所の配水樋門によって配水されるが、各用水の水門の幅、門数がこれまでの取水慣行と灌漑面積に応じて決定された。一五門の南配水樋門からは、倉敷用水（一・一八メートル×二門）、備前用水（一・三八メートル×二門）、南部用水（一・五七メートル×五門）、西部用水（一・七六メートル×三門）、西岸用水（一・七五メートル×三門）が、北配水樋門からは八ヶ郷用水（一・七〇メートル×六門）が分配されている。南北の配水樋門も鉄筋コンクリート造に花崗岩の石張りをしたもので、下流側のアーチ上部と柱には洗い出しコンクリートによる装飾が施してある。いずれも一九二四年（大正十三）に完成している。なお、南配水樋門は大正期における最大規模の樋門でもある。

東西用水組合の設立と用水施設の設計経緯

高梁川の改修工事前には、東高梁川に七ヵ所、西高梁川に五ヵ所の取水口があり、各用

笠井堰

酒津取水樋門

南配水樋門

北配水樋門

高梁川東西用水組合事務所

水がそれぞれ取水をしていた。そして、古くに整備された上流域の用水ほど、強力な水利権を有し、逆に江戸末期に干拓された下流域の用水は常に水不足に悩まされていた。さらに、東西の高梁川でも流量に差があり、上下流のみならず東西でも、渇水期には水争いが絶えなかった。そこで高梁川改修工事を機に、灌漑用水の安定供給をめざして施設の更新と整備が計画されたが、各用水はまさに我田引水のごとく、自らに有利な主張ばかりし、計画は一向にまとまらなかった。それに業を煮やした岡山県知事の笠井信一が単一の用水組合の設立を指示し、一九一六年（大正五）に高梁川東西用水組合が設立された。

当初、岡山県が中心となって用水路の配置や樋門の設計を行っていたが、各方面からの反対や河川改修との調整等から、途中五回も設計変更されたことが分かっている。中には配水池が二ヵ所ある計画や、樋門が現在のように鉄筋コンクリート造ではなく、江戸時代から岡山で用いられてきた垂直材（樋柱）と水平材（笠石、梁）を組み合わせた石造樋門で設計していた計画もあった。最終的には、取水堰堤、取水樋門、配水樋門等、河川改修と密接に関わる工事については、東西用水組合から内務省に委託されたため、今、私たちが目にしているこれらの施設は内務省が設計、施工を行ったものである。

国重要文化財への指定

東西用水の一連の施設は、土木学会の選奨土木遺産をはじめ、経済産業省の近代化産業遺産、農林水産省の疏水百選にも認定されており、その歴史的・技術的価値、地域資産としての価値が広く認められている。さらに、組合設立一〇〇周年となった二〇一六年（平成二十八）には酒津取水樋門、南配水樋門、北配水樋門、事務所に加え、文庫と用水工事竣功記念碑が国の重要文化財（建造物）に指定された。

酒津樋門の周辺一帯は、酒津公園として整備され、春は桜の名所として、夏は子供たちの格好の水遊び場として、多くの市民に親しまれている。

（岡山大学大学院環境生命科学研究科）

用水工事竣功記念碑

二●工　業　編

小西　伸彦

磯崎眠亀記念館

第二次世界大戦終結後から一九六七年（昭和四十二）まで、岡山県南は藺草《いぐさ》の生産日本一であった。一九六四年の作付面積五五五三ヘクタールは、全国の四十六・三パーセント及んだ。ところが、厳しい労働条件と、昭和三十年代に造成が始まった水島臨海工業地帯の発展と共に、藺草栽培は急速に衰え、一九六八年には日本一の地位を熊本県に譲った。岡山県の藺草を原料とする畳表《たたみおもて》や花莚《かえん》、茣蓙《ござ》などの藺莚生産高《いえんせいさんだか》も日本一を誇っていた。岡山県の藺莚業が抜きん出ていたのは生産量だけではない。磯崎眠亀《いそざきみんき》が発明した錦莞莚《きんかんえん》と藤原丈七《じょうしち》の綾莚《りょうえん》は、日本を代表する輸出品であった。

錦莞莚を語るにはまず、茶屋町や早島と藺草の関係を始めなければならない。豊臣秀吉が備中高松城を水攻めした一五八二年（天正十）頃、現在の児島半島の北には浅い海が広がり、二〇余りの島が点在する「吉備の穴海」であった。岡山県を含む中国産地では、弥生時代後期から数多くの鉄山が操業した。鉄山は大量の土砂を排出し、土砂は河川によって運ばれ穴海に堆積《たいせき》した。中世には、中国地方の鉄生産高が全国の六〇〜七〇パーセントを占めるほどであった。近代になると、採鉄法は鉄穴流《かんななが》しと鑪製鉄《たたらせいてつ》に変わった。それにつれて、土砂の堆積も著しく増加した。

穴海はしだいに浅瀬に変わり、遠浅が広がるようになった穴海周辺では、古くから小規模な干拓が行われてきた。戦国時代になると、宇喜多家や備中松山藩が干拓事業を推進した。高梁川左岸と児島が陸続きとなり、児島半島と児島湾が形づくられたのはその頃である。備前岡山藩の重臣・津田永忠《つだながただ》は沖新田を開発し、児島湾干拓事業は明治時代の士族授産事業から本格化し、藤田組の施行により一九六三年（昭和三十八）に完成した。茶屋町や早島の大部分は、かつての吉備の穴海である。したがって、土には塩分が含まれるため、江戸時代には塩分に強い綿花や藺草の栽培が奨励された。茶屋町や早島の藺草が、岡山を代表する農産品に成長し、畳表が全国に出荷されるようになったのは、以上のような経緯による。

倉敷市立磯崎眠亀記念館

磯崎眠亀は一八三四年（天保四）、小倉織元と銀札《ぎんさつ》の札元を家業とする磯崎家の長男として生まれた。両親の死後は、傾きかけた家業を再建するため、領主・戸川伊豆守の江戸屋敷に仕えた。幕末の江戸では、封建社会の崩壊により、江戸詰諸侯の邸宅相手に栄えていた畳表産業が急激な衰退を見せていた。江戸からの帰途、大坂で輸入品の洋式紡績綿糸を入手し、神戸ではカーペットに注目した。帰郷した眠亀は、地場産業の小倉織刷新に向けた研究を開始した。そして、両面段通を完成させた一八七二年（明治五）頃、村務から逃れ研究に没頭するため、家督を七歳の荒太郎に譲り、隠居号「眠亀」を名乗った。

眠亀は、ウィーン万国博覧会に出品されたスリランカ原住民の手芸品龍鬢莚《りゅうびんえん》様に魅せられ、緻密な模様のカーペットを藺草でつくる研究に没頭した。目指したのは、三尺（九十一センチメートル）幅に三六〇本以上の経糸《たていと》で織り上げる敷物であった。通常の畳は、三尺に約七十本である。研究に打ち込んだ磯崎の姿は、明治末期から大正初期に文部省が発行した『国語読本』に「失敗ノ上ニ失敗ヲ重ネテ、一時ハ赤貧《せきひん》洗フガ如《ごと》キ有様トナレリ」と紹介された。

眠亀の努力が実ったのは一八七八年（明治十一）である。改良に改良を加えた梯形筬《ていけいおさ》を使う「広組縮織《ひろくみちぢめおり》」の技法を発明したのである。広い所で組み、狭い所に締め付ける技術である。細く良質な藺草三六七本を経糸にすることに成功したのである。この発明に注目したのが岡山県令、高崎五六《たかさきいつむ》である。眠亀の編みだした織法の機密を守るため、専売特許条例の早期施行を陳情し、外部に機密が漏れないよう、岡山監獄所の中で製造させる体制を整えたのである。高崎の訴えに農商務大臣書記・前田正名《まえだまさな》は、「是《これ》こそ日本の羅紗《らしゃ》なり此《こ》の如き発明こそ法を設けて保護せざるべからず」と感嘆して草案を急がせたという。専売特許条例は一八八五年に発布され、眠亀の特許願いは願書受付一号として受理された。織機は九月十九日付第二十三号で、錦莞莚は二十四号で専売特許が許された。眠亀が錦莞筵と名付けたのは、一八八三年末から一八八四年はじめにかけてであったと考えられている。

眠亀は錦莞筵を神戸の美術品貿易商・浜田篤三郎のもとに持ち込み、一八八一年、ロンドンに輸出された。高価な錦莞筵の国内流通には期待が持てなかったため、ヨーロッパやアメリカでの市場開拓を図ったのである。その目論見は的中した。錦莞筵をはじめとする花筵製品は欧米への輸出品としてシェアを拡大したのである。岡山県内では一八九〇頃から製莚会社が増え始め、一八九四年から一八九五年が最盛期となった。

藤原丈八は一八八九年（明治二十二）、綾蓙織機《はなござおりき》の専売特許を許され、茶屋町に綾莚社を設立した。磯崎製莚所茶屋町工場や綾莚社のある茶屋町では、山高帽姿の外国人を乗せた二人挽きの人力車が行き交った。「今神戸」と呼ばれるほどの賑わいであったという。一八八一年に九二七円であった輸出額は、一八九二年には一〇〇万円を突破した。眠亀は同年、岡山市天瀬に磯崎製莚所本部を開設し、一八九三年シカゴで開かれたコロンブス世界大博覧会では金牌《きんぱい》を受け、一八九五年の第四回内国勧業博覧会では「角つなぎ唐草模様」「牡丹唐獅子」が名誉銀牌に輝いた。

眠亀は一八九七年（明治三十）、磯崎製莚所の事業を次男の高三郎《こうざぶろう》に譲った。眠亀が幾何学的模様をデザインの基本にした。高三郎は風景や模様、文字などのデザインを得意とした。昭和天皇大典に際して磯崎家から献上された「東海富獄之図」（一畳物軸立て）は、高三郎苦心の作であると考えられている。

花筵の輸出高は一九〇二年にピークを迎えた。しかし、アメリカ合衆国大統領マッキンレーは、アメリカ産の敷物を保護する目的で、日本の藺筵製品に極端な高率関税をかける保護貿易策を採った。その影響で輸出量は激減し、生産量も逓減した。錦莞莚の特色を活かした製品づくりは止まり、伝統技術保存用か儀礼的な制作のみとなった。技工を凝らした作品は、「東海富獄之図」が最後であったと言われている。そして、技術伝承者の逝去などもあり、一九三四年（昭和九）、磯崎製莚所は閉鎖された。眠亀の逝去は一九〇八年（明治四十二）、高三郎、一九九四年（昭和十九）鬼籍に入った。

倉敷市茶屋町の倉敷市立磯崎眠亀記念館は一九一五年（大正四）、図書館用地として、五六〇坪の土地と共に茶屋町に寄贈された。記念館として公開されたのは一九八八年（昭和六十三）であった。建物は、眠亀が四二の年祝に建てた、住居件研究室である。二階には、分解された織機が残されていた。織機は、特許庁に保管されていた図面をもとに組立てられ、岡山県立博物館に保存されている。錦莞筵数十種類も、磯崎家が疎開させて第二次世界大戦の戦禍から守っていた。眠亀旧宅は、不屈の精神で繭筵産業の近代化を果たした男の業績を語り継いでいる。

旧倉敷紡績倉敷工場（倉敷アイビースクエア）

日本の近代工業は軽工業から始まった。その先駆となったのが江戸時代からの蚕糸業《さんしぎょう》と、殖産興業から興った明治時代の綿紡績業であった。蚕糸業を代表する近代化遺産は一八七二年（明治五）に操業を始めた、群馬県の富岡製糸場である。岡山県では、小田県令・矢野光儀《みつよし》が一八六七年に創業させた士族経営の笠岡製糸場から始まり、県西部や北部の豪農層の間に広まった。津山市二宮には一八七七年（明治十）、養蚕製糸伝習所が置かれるなど、製糸業は昭和時代初期まで成長を続けたが、昭和十年代から下降に転じ、一九六〇年（昭和三十五）に姿を消した。県北の製糸業に始まったのが、津山市二宮の津山グンゼと真庭市久世のグンゼ久世工場である。

日本の紡績業は、一八六七年（慶応三）に創業した鹿児島紡績所をして嚆矢《こうし》とする。明治時代に入ってからは紡績関係製品の国産化が急がれ、堺紡績所や鹿島紡績所が操業を始めた。明治政府は国内の紡績業発展のため、堺紡績所を官営に移して模範工場とした。しかし、これら「始祖三紡績」だけで国産化を果たすのは無理であった。そこで、模範工場を増設すると共に、民間企業の保護育成に着手した。イギリスから二〇〇〇錘《すい》ミュール精紡機《せいほうき》十基を購入し、民間に払い下げた「十基紡《じゅっきぼう》」政策である。

岡山県でも一八七一年（明治四）に紡績業に進出する動きがあったが、起業第一号となったのは士族授産事業の岡山紡績所であった。全国で六番目の紡績工場として一八八一年に開業した。続いて同年、二〇〇〇錘ミュール精紡機が玉島紡績所と下村紡績所に払い下げられた。玉島紡績所は第二十二国立銀行玉島支店長・難波二郎三郎《なんばじろうさぶろう》が、下村紡績所は児島の渾大防埃二《こんだいぼうあいじ》と益三郎《ますさぶろう》兄弟が設立したものである。

明治時代末期の「十大紡」に名を連ねたのが倉敷紡績である。設立は一八八八年（明治二十一）であった。「倉敷の三傑」と称された二十歳代の大橋沢三郎と小松原慶太郎、木村利太郎が、倉敷出身の県会議員・林醇平に呼びかけ、紡績所の設立に着手した。大橋らは、倉敷村最大の資産家で地主であった大原孝四郎の参加を仰ぎ、会社の設立に漕ぎ着けた。紡績機械は、イギリスの最新鋭機を発注し、プラット社製のリング精紡機とヒックハーグリーブス社製の蒸気機関が到着した。工場は鹿児島紡績所を設計した石河正龍と島田覚人が設計した。工場の建設資材としては、山口県周防大島郡の煉瓦、大島の花崗岩、吉備郡箭田（やた、現在の倉敷市真備町箭田）の瓦などが運ばれた。倉敷初の煉瓦造工場が完成し、倉敷の人々の耳に、始業・交代・休憩を告げる「紡績の汽笛」が届いた。

一九〇六年、大原孫三郎が二代目社長に就任した。孫三郎は早速、社内人事の刷新と綱紀粛正、職工問題の改

旧倉敷紡績倉敷工場

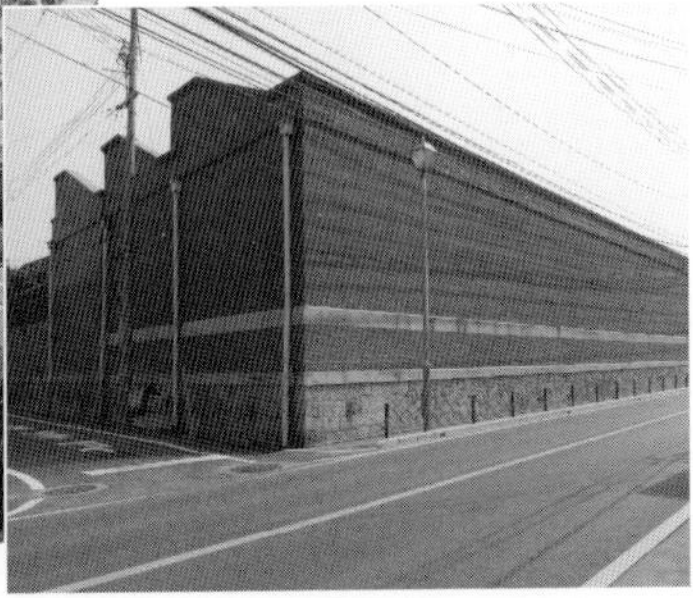

善、経営改革と職場環境改革に取り組んだ。事業面では、万寿工場《ますこうじょう》や岡山工場を開設し、吉備紡績や早島紡績、讃岐紡績、松山紡績を買収した。倉敷銀行を第一合同銀行(中国銀行)に発展させ、倉敷電灯なども開設した。福利厚生面では、分散式寄宿舎を建て、倉敷商業補習学校(現在の岡山県立倉敷商業高等学校)や倉紡中央病院(倉敷中央病院)を開設した。倉敷労働科学研究所(大原記念労働科学研究所)、倉敷教育懇話会、大原奨農、日本初の西洋美術館となる大原美術館も孫三郎の業績である。

一九四二年(昭和十七)、軍需動員会議で航空機優先、生産拡充方針が決定された。倉敷紡績も政府の航空機緊急増産要請により、倉敷駅北の万寿工場を航空機製造事業に転換し、三菱重工業水島航空機製作所の協力工場・航空機部万寿製作所と改称した。一九四四年軍需会社に指定され、倉敷工場は万寿航空機製作所第二工場とされ、海軍陸上攻撃機の翼類一式の製作を開始した。終戦後、倉敷紡績は軍需工場に転換した機械工場三施設を復元し、二〇工場から生産を再開した。しかし倉敷工場は、休止、直ちに転換、復元、操業の見込みのない六工場に含まれた。倉敷工場の再整備が始まったのは、倉敷紡績が創設八十年を迎えた一九六七年(昭和四十二)である。一八八九年(明治二十二)に建てられた原綿倉庫三棟を、倉紡記念館に活用したのである。

一九六九年、倉敷市伝統美観条例が施行され、一九四七年には倉敷市民会館が完成した。同年岡山駅まで開業した新幹線の効果もあり、倉敷を訪れる観光客が大きく増加した。そうした背景や倉敷市、文化や商業の関係者らからの要望を入れ、倉敷紡績は倉敷工場の活用に乗り出した。まず、村松貞次郎東大生産技術研究所助教授が産業考古学的観点から施設調査し、浦辺鎮太郎《うらべしずたろう》が商業・宿泊施設への改修計画を策定した。こうして一九七四年に開業した倉敷アイビースクエアは、産業遺産が産業考古学的に調査され、保存・活用された日本初の事例である。

紡績工場は木骨煉瓦造である。アイビー学館や倉紡記念館などに入れば明治時代中期の工場建築を知ることができる。屋根は鋸形である。鋸屋根の切り立った面は通常北向きとされる。それは、終日均等で柔らかい光が差し込むため、色味や織り具合を確認に都合がいいからである。北向きの窓は、画家のアトリエや写真館なども採用された。オランダの画家ヤン・フェルメールが描いた婦人たちも、北から差し込む柔らかい光の中に佇んでいる。

倉敷工場の鋸屋根の北側は、鉛直方向に三〇度傾いている。それは、イギリスの紡績工場の建築法に倣って設計されたからであるという。綿紡績工場の先駆地が、イギリスのランカシャーである。ランカシャーの南中高度は六〇度である。夏至の太陽が六〇度の角度で挿し込むので、鉛直方向に三〇度の傾きを持たせれば、明かり窓に直射日光は差し込まない。倉敷工場の三〇度は、ランカシャーの南中高度六〇度に準じたものであった。ところが、ランカシャーは北緯五三・五度にあるが、倉敷は三四・六度である。北緯が一九度低い倉敷では、南中高度が七九度になる。夏至の直射日光が明かり窓から差し込んだのである。もしも、北緯差と南中高度差の一九度が、明かり窓に活かされ、鉛直方向に一一度とされていたら、設計は完璧であったことになる。

倉敷アイビースクエアには、鋸屋根以外にも、紡績工場の特徴が残されている。その一つが、アイビー学館の防火戸である。重力を利用した開閉扉にはヒューズが取り付けられ、有事の際はヒューズが溶け、扉は自動的に閉まる仕掛けになっている。工場が建設された明治二十年代は、セメントがまだ高価であった。そのため床には、石材が敷かれていた。石材はまた、大八車がスムースに行き来できるよう通路にも敷かれ、かつては倉敷川の船着場まで続いていた。煉瓦で造られた塵突《じんとつ》の外壁には、「紡績の汽笛」を鳴らした鉄鈴《てつれい》が残されている。塵突とは、工場内で出る繊維の塵を屋外に排出する、紡績工場特有の施設である。

倉紡記念館の南側に建つ白い建物が、創業時の事務所である。現在は、アンティークオルゴールを集めたオルゴールミュゼ・メタセコイアとして活用されている。木造二階建て、下見板張りを基本とし、二階の窓は上げ下げ式である。噴水側一階にはヴェランダが付けられ、柱の装飾と天井は菱組《ひしぐみ》である。

倉紡記念館には倉敷紡績の歴史展示がなされ、イギリスのプラット社が製造した混打綿機《こんだめんき》なども展示されている。室内を巡れば、原綿倉庫が木骨構造であること、小屋組がトラスであること、土と煉瓦の壁で構成されていることなど理解できる。桟瓦《さんがわらぶ》葺き屋根の鬼瓦には、倉敷紡績の社標である「日本棒三ッ団子」がデザインされている。社標は通称「二・三《にさん》のマーク」と呼ばれ、常に第一に迫ろうとする希望を持ち、二番三番であるという謙虚な気持ちを堅持して不断の努力を続けたいという企業精神を表すものである。

三石耐火煉瓦

一八六五年（慶応元）、岡山市光津《こおつ》の大工棟梁・尾関滝右衛門《おぜきたきえもん》が大多羅《おおだら》に、岡山県でただ一つの反射炉を建設した。反射炉に積まれた耐火煉瓦をして、岡山県における耐火煉瓦の嚆矢とする。一九〇〇年（明治三十三）頃、稲垣兵衛《いながきひょうえ》が設立した「稲垣耐火煉瓦」が、耐火煉瓦の町・三石の礎となった。加藤忍九郎《かとうにんくろう》は三石で採れる「ろう石」から「忍九煉瓦」

の生産に成功し、一八九〇年（明治二十三）、三石煉瓦製造所を設立した。耐火煉瓦の輸送を想定し、山陽鉄道の三石誘致に尽力したのも加藤であると言われている。三石の耐火煉瓦は山陽鉄道を介して、官営製鐵所（八幡製鐵所）や筑豊炭田などに送られた。炭鉱施設だけでなく、日露戦争と第一次世界大戦が招いた景気も耐火煉瓦需要を喚起した。三石は耐火煉瓦の一大産地となり、ろう石から生成される「クレー」需要も高まった。クレーは、製紙の充填やコーティング材の原料である。

三石では、一八九二年に創業した三石耐火煉瓦会社が操業を続けている。工場の中には、円形で立ち上がり、途中から八角形になる煉瓦造煙突と、方形の煉瓦造煙突二基が現存する。かつては高さが四十五メートルあったという八角形煙突は、一八九四年頃の写真に記録されている。山陽線の車内から見ることもできる。

三石耐火煉瓦

煉瓦造煙突の形状はおもに、方形（四角形）、八角形、丸形に大別される。方形は酒や味噌、醤油などの醸造業や風呂屋、焼物窯で使われることが多く、高さ五〇尺（約一五メートル）以下のものが多い。備前焼の登り窯は方形であるが、福島県喜多方市の大和川酒造のような六角形も現存する。八角形は高さ五〇尺〜一〇〇尺（約三〇メートル）の煙突に多い。一〇〇尺より高い煙突は丸形で、「炭坑節」に歌われた、福岡県田川市の三井三池鉱業所に建造され高さ約四五メートルの煙突二基がその代表である。

工場入口の右側には、下見板張りを基調とした事務所棟がある。創業時からの事務所を建て替えた時、三代目社長・万波忠治が吉永町に所有していた蔵を移築したものであるという。島根県石見《しまねけんいわみ》で木材商を営んでいた万波には、和洋折衷の大型建築の経験があったと考えられている。煉瓦造煙突が林立していた頃の三石の町は、小津安二郎監督の映画「青春」のラストシーンを飾ったことがある。三石には、煉瓦造煙突がもう一基、山の中腹に残され、赤煉瓦や耐火煉瓦で造られた建造物がある。

三石の町を横切る山陽線の大築堤にも煉瓦が使われている。下り線には赤煉瓦、上り線には黒い焼き過ぎと共に、角を丸く仕上げる異型煉瓦が扱われるなど、時代による煉瓦の変遷を確認することができる。山陽線の煉瓦は主に、大阪南部の堺と岸和田から運ばれたものである。山陽新聞の前身となる山陽新報は、山陽鉄道会社が姫路・岡山間の敷設工事に向け、三石と和気、岡山市東部の梶岡に鉄道専用煉瓦製造所を建てたと報じている。

三井造船

三井物産船舶部の歴史は、一八七六年（明治九）の長崎・口之津《くちのつ》間の海運業務開始に始まる。一八九七年（明治三十）船舶掛、一九〇三年門司には船舶部を設置し、一九〇四年神戸に移転した。第一次世界大戦のヨーロッパでは、ドイツの潜水艦が、航行する船舶を無差別攻撃したため、船舶数が不足し、修理の需要も急増した。その情勢から、三井物産船舶部長・川村貞次郎《かわむらさだじろう》は、造船と修繕ビジネスの将来性を確信した。一九一七年（大正六）、三井物産に修繕用船渠《しゅうぜんせんきょ》の設置を提案し、十一月十四日の臨時株主総会で、修理を主とし建造を従とする「修主建従」の造船部設置が議決された。十一月十四日は三井造船の設立記念日である。

三井物産は一九一七年五月、児島郡日比《ひび》町大字玉と和田のおよそ六一万四〇〇〇平方メートルを購入した。ところが既に、造船需要と修船需要は切迫状態にあった。そこで急遽、児島郡宇野町内の県有地と私有地約三万六〇〇〇平方メートルに仮船台三基を設置する「川村造船所」の工事に着工した。第一船となったのは木造船「海正丸」七五六総トンで、命名進水式が行われた十二月二日は、宇野線岡山・宇野間に臨時列車が運転されたほどの賑わいであったという。

玉工場の埋め立て工事は一九一七年に始まり、一九二〇年には本館と各工場が竣工し、機械の据え付け工事、護岸工事、電力工事が完了した。玉野市の田井、宇野、玉、日比地区は塩田地帯であった。岡山県の重工業は、塩田跡地で本格稼働したのである。三井物産造船部は一九三七年（昭和十二）、三井物産から独立して玉造船所となり、一九四二年に三井造船に改称された。

三井造船玉野事業所は、総面積一六六万七〇〇〇平方メートル、建物面積三七万三九〇六平方メートルである。敷地内には幅四九・九メートル、長さ二七六・三メートルと幅四三・二メートル、長さ二五六・七メートルの船台と、幅八一メートル、長さ一九五メートルと幅三一メートル、長さ二二七メートルの船渠《せんきょ》がある。その周りには、加工工場や組立棟、艦艇工場《かんていこうじょう》、電気工場、溶接工場、重機工場などが並び、太陽光発電所も併設されている。修船を

三井造船旧玉海軍造船兵監督官事務所

三井造船玉野事業所

待つ船員などの宿泊場所・ドックハウスでは、金曜日にはカレーを出すという。長い航海中の船内食と同様、曜日感覚を保つ意味もあるという。大正時代に建造されたクレーンや、数々の建造物があるが、部外者が入場を許されるのは命名進水式の時である。

正門前にある本クラブは、宮原製作所の創業者・宮原虎太郎が一九一八年に建てた住居である。三井造船が購入してクラブ施設とした。木造一部中二階建ての和風建築で、外壁は真壁造り《しんかべづく》漆喰塗り《しっくいぬ》、屋根は本瓦葺《ほんがわらぶき》、入母屋造り《いりもやづく》、日本庭園を持つ。一九三二年（昭和七）からは、旧館や貴賓室、新館、茶室などが増築された。本クラブに隣接する建物は、玉海軍造船造兵監督官事務所として使われたものである。

倉敷中央病院の始まりは、倉敷紡績の二代目社長・大原孫三郎が開設した倉紡中央病院である。福岡県飯塚市の飯塚病院は、炭鉱を経営した麻生家がつくった病院である。地元の資本家が、事業の拡大と共に病院や学校などを開設した例は全国にある。玉野三井病院も、三井造船の社員と家族のための病院を市民に開放したものである。社外の患者を受け入れ始めたのは一九二七年からである。

現在の建物は一九三七年、総合病院玉野三井病院として建てられたものである。鉄筋コンクリート造三階、一部地下一階建て、延床面積四二〇六平方メートルの、玉野市と周辺地域の中核病院である。増築前は入口棟の左右にウィングを持つ「コ」の字型であった。天井が高く、廊下の幅がゆったりとってあるのが特徴で、最新医療設備を充実させてもまだ余裕がある、先見性の高い設計には評価が高い。換気口には玉造船所時代の社章がデザインされた所がある。

三●鉱　業　編

小西　伸彦

吉岡鉱山

岡山県には大小様々な金属鉱山があり、児島郡や津高郡などには小規模炭鉱もあった。特筆すべきは高梁市の吉岡鉱山と倉敷市の帯江鉱山《おびえこうざん》、和気郡の柵原鉱山《やなはらこうざん》である。小稿では吉岡鉱山と、帯江鉱山の犬島製錬所について触れる。

日本の鉱業史には三つの変革期があったと言われている。第一は七世紀から八世紀の律令的古代国家確立期、第二は十六世紀中期から十七世紀前期の近世封建体制完成期、第三は明治時代前期の鉱業近代化期である。『延喜式《えんぎしき》』には、八世紀から九世紀頃、豊前や周防、長門、備中で鋳銭用《じゅせんよう》の銅を産したと書かれている。産銅量が増えた十五世紀からの主要生産地は、備中、美作、但馬であった。銅山開発が本格化したのは十六世紀末期以降で、寛文年間（一六六一年～一六八二年）から元禄年間（一六八八年～一七〇三年）にかけて大きく発展した。

吉岡鉱山は八〇七年（大同二）に創業したと伝えられている。第一期変革期である。三世紀半ばから七世紀までの古墳時代、金銀銅を所有したのは権力者層であった。彼らが死ぬと、副葬品として埋葬されていたため、庶民が目にする機会は稀であった。ところが、仏教が伝来して以降、寺院や仏像などに使われ始め、衆目の集まる所に姿を現すようになった。その背景にあったのが律令国家体制の確立である。都城の造営と神社建築が盛んになると、国家の威厳を現す荘厳さの演出に使われ始めたのである。それが第一期変革期である。

それまで、朝鮮半島からの渡来者頼みであった鉱脈の探索、金属の加工製造技術の国産化が急がれた。山師が全国をわたり歩き、鉱脈を発見したのが大同年間（八〇六年〜八〇九年）で、兵庫県の生野鉱山や秋田県の阿仁鉱山なども、大同年間に創業している。第一期変革期を象徴するできごとが、七五二年（天保十一）の奈良東大寺の大仏開眼供養である。

岡山県伝統的建造物群保存地区第一号である高梁市成羽町吹屋は、弁柄《べんがら》の町として知られている。しかし、鉱山町として認定されたことを知る人は多くない。人類最古の顔料と言われる弁柄は、酸化第二鉄を主成分とする無機質顔料である。吹屋弁柄発見説には三説があるが、いずれも、吉岡鉱山の捨て石から天然の緑礬《ローハ》が生成され、偶然、弁柄がつくられたというものである。弁柄製造は一七〇七年（宝永四）に始まり一七五一年（宝暦元）、量産体制に入った。吹屋弁柄が全国に市場を広げたのは、美作久世代官に就任した早川八郎左衛門正紀が一七九九年（寛政十一）、弁柄株仲間を組織させてからである。早川は、優れた品質保持体制を確立させると共に、価格統制による保護措置を採ったのである。

銀山から銅山へ

大塚理右衛門《おおつかりえもん》は一八〇四年（文化元）、久世役所に提出した「吉岡銅山相續之次第御尋ニ付奉書上候」で、こう報告している。吉岡銅山の開坑は八〇七年で、開坑当時は銀山であった。黄金山《こがねやま》背後の大深谷《おおぶかだに》には、古い間歩や製錬所の跡がある。銅山になって四〇〇年余りである。

吹屋では、八〇七年（大同二）から一四〇三年（応永十）頃までは銀山、それ以降銅山になったと伝えられてきたという。『三菱社誌』も、慶長年間（一五九六年～一六一四年）、銅屋庄左衛門《あかがねやしょうべえ》が銅の製錬を始めたと記している。

鉱山名の変遷

吹屋の鉱山名は石塔銅山、関東銅山、吉岡鉱山と変遷したという。「石塔」と「関東」は「せきとう」と読ませる。また、大深銅山という名称も存在した。大深谷は銅山の発祥の地である。永禄年間（一五五八年〜一五六九年）までは「大深千軒」と呼ばれるほど、家々や社寺、遊郭が軒を連ね、「上京下京」の賑わいであったという。製錬所を持つ銅山師の家を銅吹屋または吹屋と呼ぶ。銅を吹くとは製錬を意味する。「吹屋」も、大深谷に生まれた地名であるという説がある。

石塔銅山

吹屋の鉱山は、一五六三年頃から一六一六年まで石塔銅山と呼ばれたという。大塚家文書《おおつかけもんじょ》には、慶長年間（一五九六年〜一六一四年）まで石塔銅山と呼ばれていたが、小堀遠州《こぼりえんしゅう》が石塔の字面を嫌い、当時活況を呈していた佐渡金山の吉岡山に倣い、吉岡に改めたと記している。泉屋の文書にも石塔銅山という名前が登場する。「石塔」とは何であろう。永禄年間（一五五八年〜一五六九年）、尼子家の家臣、吉田六郎兼久《よしだろくろうかねひさ》が黄金山城主に就いた。吉田は、吹屋の大塚孫一と松浦五右衛門に鉱山経営を命じたが、一五六三年（永禄六）の西南兵乱で戦死した。吉田の宝篋印塔《ほうきょういんとう》は、伝建地区の裏山に建てられた。石塔銅山はこの宝篋印塔そのものに由来するという説がある。宝篋印塔が建てられたのが「石塔」という地名で、その地名に由来するという説もある。また、銅山を支配者したのは石塔六郎で、支配者の名前に由来するという説もある。石塔六郎の墓は吹屋大字中野、供養塔は中野字松木にあると言われるが、確証はない。吉田六郎と石塔六郎の関係も明らかではない。

関東銅山

「石塔」の字面を忌み「せきとう」に「関東」をあて、一六四二年（寛永十九）頃までは関東銅山であったという。吉田六郎兼久の宝篋印塔が建てられた所も「石塔」ではなく「吹屋小字カントウ」であるという説もある。『三菱社誌』も鉱山の旧地名を関東村としている。

吉岡鉱山（吉岡銅山）

吉岡鉱山の中世以前の歴史は、伝承を繋ぎ合わせたものである。「吉岡」の由来にも数説り、以下に示す五説のうち、最初の三説は十七世紀のことである。第一は、先にあげた小堀遠州の改称説である。しかし佐渡銀山の研究者は、吉岡という山は存在しないと言い、『佐渡金山史話』などにも吉岡山は登場しない。

第二は、備中倉敷代官・彦坂平九郎が、閉山寸前の関東鉱山を、佐渡で盛んに金を産出した吉岡山にあやかって、吉岡銅山に改めたという説である。

第三は、吉岡隼人《よしおかはやと》である。吉岡は、佐渡や伊豆の銀山開発で功績をあげ、徳川家康から「吉岡出雲」の称号を授与された。この吉岡隼人に由来するという説である。

第四は伝承である。石見銀山で採掘技術を修得した吉岡某が吹屋から佐渡にわたり、「吉岡」という集落をなした。吉岡は、その卓越した掘削技術で佐渡金山に貢献した。吉岡某由来説であるが、命名時期はわからない。

第五は地名説である。『岡山県の地名』は、吹屋村に銅屋村、大深村、吉岡村という枝村があったと記し、『岡山縣名勝誌』は、二つある鉱坑の一つが東北吉岡にある吉岡鉱山であると記している。『三菱社誌』も一八七三年（明治六）の鉱山所在地を、備中国川上郡吹屋村字吉岡としている。

二大財閥を生んだ鉱山

江戸時代の吉岡鉱山を、分断時期を含むおよそ三〇〇年経営したのが、吹屋の資本家・大塚家である。大塚家の銅山稼業は、吉田六郎兼久が大塚孫一と松浦五右衛門に鉱山経営を命じた時に始まった。そのうちの十七世紀末の九年間と十八世紀初めの十三年間は、泉家時代である。泉家は第一期経営期の末期、愛媛県の別子銅山を発見した。吉岡を遥かに凌駕する別子であった。泉屋は、当初計画よりも早く吉岡稼業を中止したが、幕府から、最重要輸出品・銅の増産依頼を受け、不承不承、第二次稼業に就いた。しかし、十三年後に完全撤退した。

明治時代の吉岡鉱山を経営したのが、岩崎彌太郎《いわさきやたろう》率いる三菱商会である。一八七三年(明治六)、吹屋小学校の北側に選鉱場、製錬場などを建設し、吉岡銅山製鑛所を創業した。三菱は、県内はもとより県外にも銅山経営範囲を広げ、ダイナマイトや洋式鑿岩機《ようしきさくがんき》を導入し、水力発電所を建設し、専用軌道を敷設するなどの近代化を図った。三菱はその後、九州をはじめとする全国規模の炭鉱経営を展開したが、その礎となったのが吉岡鉱山であった。三菱吉岡鉱山は一九一一年(明治四十四)頃最盛期を迎え、一九三一年(昭和六)休山した。第二次世界大戦後、三菱金属鑛業吉岡鑛業が再操業させたが一九七三年閉山した。

石見銀山と吉岡鉱山

島根県大田市の太田南八幡宮には、十六世紀に奉納された経筒が残されている。その中には「河上郡穴田吹屋」「川上郡穴田吹屋」「大永二年今月吉日」などと書かれたものがあるという。神屋寿禎《かみやじゅてい》が石見銀山の開発に乗り出す四十年前、吹屋が銅山となった一一〇余年後である。吹屋では、出雲や石見を「奥」、出雲参りを「奥参り」と呼び、「奥」との交流が深かった。当時の吹屋には、すでに石見の動向に関心を持っていた人物がいたことになる。

十七世紀初め、成羽藩主に就任した山崎家治が石州の伊達佐左衛門ら七人を吉岡銅山の稼業人として招聘している。一七八六年（天明六）の「銀山旧記」には、吹屋の大工・小紅孫右衛門が登場する。一五二八年（享禄元）か一七一六年（享保元）のことである。一五二八年は、神屋寿貞が石見銀山を発見した六年後である。一七一六年は、泉家が吉岡鉱山から完全撤退した年である。また吹屋弁柄誕生の十二年前である。伝建地区・吹屋の家々は、弁柄を商う店や弁柄で得た富で新商売を始めた店である。普請にあったのは、石州大工と石州瓦の職人であった。石見銀山のある石見と吹屋にはいくつかの人的交流があったが、ここでは吉田六郎兼久と、安原備中について触れる。

①吉田六郎兼久

博多の商人・神屋寿禎《かみやじゅてい》は一五二六年（大永六）、日本海を航行中、仙ノ山が輝くのを見た。石見銀山の発見である。銀山開発に乗り出した神屋は、吉田与三右衛門、吉田藤右衛門、吉田（於紅）孫右衛門という三人の「吉田」を伴った。神谷が石見で成功を収めたのは、三人の吉田が、鉱脈を探り、鉱脈に沿って岩石を穿って鉱石を掘り出す堀子大工であったからでると考えられている。与三右衛門はその後、石見から他所に移ったとされるが、石見銀山の掘削技術はこうして他国に流出したのであろう。天文年間（一五三二年～一五五四年）に石見銀山で没した中には、吉田半左衛門など七人の吉田がいた。慶長年間（一五九六年～一六一四年）、佐渡にわり、後年、吉田七郎右衛門を名乗った吉田六郎兵衛は、山を崩し取り坑道を穿《うが》つ石州の技術者であったという。石見銀山の技術者には「吉田」がいたのである。

神屋が石見銀山に伴った三人の吉田の出身地と考えられているのが、熊義郡吉田庄（現在の島根県安来市上吉田町と下吉田町）である。出雲富田の奥に位置し、伯耆の日野や石見の巴智などと並ぶ有数の真砂砂鉄の産地で、河内国丹南郡の鋳物師が往来する集落でもあった。出雲は、伯耆・石見・播磨・美作・備中・備後・安芸と共に、日本を代表する鉄の産地であった。吉田庄の豪族・吉田氏は佐々木六郎厳秀を祖とし、六代が六郎を名乗ったという。吉田六郎兼久がその吉田の家系であると考えられているのである。

②安原備中

安原備中は江戸時代初期、現在の都窪郡早島町に生まれた鉱山師である。天正年間(一五七三年～一五九一年)、石見銀山に移住し、釜屋間歩《かまやまぶ》などを掘削し、石見銀山黄金時代を築いた。安原備中は、徳川家康から授けられた称号である。鉱山で得た富を元手に、島根県大田市大森町の清水寺《せいすいじ》本堂の建設、吉備津神社御釜殿の再建、早島町の御崎宮(現在の鶴崎神社)の毘沙門殿建立と社殿の屋根葺き替え、吉備津神社本殿と拝殿の桧皮葺屋根の葺き替え、吉備津神社滝祭宮や回廊の造進などに寄進している。これら寄進行為が短期間に行われていることから、領主権力に左右されることなく、国境を越えて自由に往来した鉱山士であったと考えられている。研究者は、吹屋が銅山になったとされる一四〇四年(応永十一)頃の領主が安原氏であったという点に注目し、石見と吉岡の関係を指摘する。

鉱山遺構

吹屋中町と吹屋小学校の間に銅廃寺がある。泉屋が創建し観音堂と呼んでいたが、三菱合資会社時代に銅栄寺と改められた。鉱山本部の跡地に建設されたのが吹屋小学校である。鉱山事務所の移転は一八九三年（明治二十六）で、吹屋尋常高等小学校東西校舎と家事専修学校が完成したのが一九〇〇年（明治三十三）、東西校舎の間に本館が増築されたのが一九〇九年であった。

吹屋千枚の本山神社は、山の神を祀り、安全と増産を祈る山神社《さんじんじゃ》である。本殿は江戸末期、香川県丸亀市本島の宮大工・長尾林蔵が普請したものである。大塚家が寄進した手洗鉢《ちょうずばち》、三菱マークの入った玉垣と鳥居の額束《がくづか》がある。総本山は愛媛県大三島の大山祇神社《おおやまづみじんじゃ》である。

一般公開されている鉱山遺構が、中野の笹畝坑道である。記録によると、一八七九年（明治十二）、中野の笹ヶ畝鉱山《ささがうねこうざん》が郵船汽船三菱会社に、一八九四年（明治二十七）には吹屋村の笹畝鉱山《ささうねこうざん》が三菱合資会社に買収されている。笹畝坑道の開坑は江戸時代であったと思われるが、近代化が図られたのは三菱時代である。坑道内の通路は、トロッコ軌道のレールの間をコンクリートで固めたもので、坑道は他の坑道や竪坑《たてこう》にもつながっている。坑道内では、広い切羽《きりは》や斜坑《しゃこう》などを見学することができる。坑道の出口付近には、銅の露頭《ろとう》と製錬所跡がある。

坂本地区の斜面には、一八九三年以降の鉱山心臓部がある。沈殿池やシックナー、ズリ山、拱渠《きょうきょ》、煙道跡のほか、選鉱場や製錬所、索道《さくどう》などの基礎が残されている。沈殿池とシックナーは洗石や製錬で汚染された水を濾過する設備、拱渠はズリ山の下にトロッコを通すためのアーチ構造物、煙道は製錬で発生した亜硫酸ガスを山頂の煙突に導く装置、索道はロープウェイの一種である。沈殿池やシックナー、拱渠、煙道、水路などは、製錬後の鉱滓《こうさい》を直方体に固めた「からみ煉瓦」を布積みして造られている。からみ煉瓦の構造物は銅鉱山や銅製錬所特有の景観であるが、吉岡鉱山のからみ遺構は国内屈指のスケールである。吉岡鉱山最大の産銅量を誇ったのが三番坑であるが、坑口は倒壊している。かつてそこから、電化されたトロッコが鉱石を積み出していた姿を偲ぶのはむずかしい。

坂本では、水平移動はトロッコ、高低差の大きい法面には三本のインクライン（ケーブルカー軌道）が敷設されていた。インクラインが坂本川付近に降りた所から、成羽町成羽の総門橋上流までには、明治時代末期から大正時代中期にかけて専用軌道が敷設された。県道新見川上線の成羽川対岸には、トロッコ軌道の跡が続いている。

吉備津神社参道のJR吉備線吉備津駅北側には、大塚理右衛門伊重《おおつかりえもんただしげ》が一七六二年（宝暦十二）、廻廊建設と共に寄進した大鳥居がある。

吉岡鉱山沈殿池

吉岡鉱山シックナー

吉岡鉱山拱渠

犬島製錬所

犬島製錬所は一九〇九年(明治四十二)、坂本金弥《さかもときんや》が設立した帯江鉱山の製錬施設である。倉敷市帯江地区で銅山開発が本格化したのは明治時代である。ただし、開坑時期は明らかでない。一八八四年(明治十七)年大栄鉱山、一八八六年には興共鉱山が郵船汽船三菱会社に買収され、吉岡鉱山の支山となったが一八九一年、坂本の経営に移った。坂本は鉱山の近代化と鉱区の拡大を進め、一九〇七年には吉岡鉱山に並ぶ岡山県を代表する銅山に成長させた。半面、煙害の深刻化により、製錬施設を犬島に新設・移転した。その後、帯江鉱山と製錬所は一九一三年(大正二)、藤田組に売却され、一九二〇年五月、操業を停止した。現在は、犬島精錬所美術館として一般に公開されている。

製錬所跡には、創設当時の八角形煉瓦造煙突や溶鉱炉跡、増設された丸形煉瓦造煙突や溶鉱炉跡、火力発電所跡のほか、からみ煉瓦で造られた倉庫跡やインクライン跡、港湾土木施設跡などがある。遺構はおおむね操業停止当時の状態で保存・展示されている。赤煉瓦からは讃岐煉瓦や大阪窯業の刻印が確認できる。素性はわからないが、創業時に造られた施設と帯江鉱山施設の煉瓦には、寸法や焼き具合などに共通点が見られる。製錬所の敷地内には花崗岩の採石場跡もあり、島の産業の変遷を知ることもできる。

犬島精錬所美術館の近代化遺産利活用法は、日本屈指の先進事例である。特に、「在るものを活かし、無いものを創る」というコンセプトに基づいた、製錬所のシンボルである煙突やからみ煉瓦施設と、太陽と地熱など自然エネルギーを有機的に組み合わせた利活用方法は画期的である。産業遺産を破壊するのではなく、遺構と巧みに調和させた建築家・三分一《さんぶいち》博志《ひろし》氏と芸術家・柳幸典《やなぎゆきのり》氏の作品は、近代化遺産の将来的な保存・活用の指針にもなりうる世界的な試みである。また、近代産業が去り、人の住まなくなった住宅を、ギャラリーとして再生した犬島「家プロジェクト」は、島の文化的景観を保存・創造する新しい取り組みでもある。

※写真提供：公益財団法人福武財団（撮影・阿野太一）

犬島精錬所美術館 ※

帯江鉱山遺構

四●交通編

〈其の一〉——————————小西　伸彦

鉄　道

一八七二年（明治五）イギリス製の蒸気機関車が新橋・横浜間二三・八キロメートルを五十三分で結んだ。当時の鉄道官庁は工部省鉄道寮であった。その工部省のマークは現在も使われ続けている。プラットホームから見下ろす枕木に描かれ、線路端の境界杭に彫られた「工」がそうである。

日本の鉄道発展史には、明治時代に起こった三回の鉄道敷設ブーム「鉄道熱」がある。第一次鉄道熱は、一八八三年（明治十六）に開業した日本鉄道《にっぽんてつどう》上野・熊谷間と、一八八五年の阪堺鉄道《はんかいてつどう》難波・大和川間の好成績から一八八六年に起こり、一八九〇年（明治二十三）まで続いた。岡山に文明開化の汽笛を響かせた山陽鉄道会社は第一鉄道熱の申し子である。陸蒸気《おかじょうき》は一八九一年四月十八日岡山、四月二十五日倉敷、七月十四日には笠岡までやってきた。下関まで延びたのは一九〇一年（明治三十四）で、下関駅は当時、馬関駅《ばかんえき》と呼ばれていた。

第二次鉄道熱は一八九三年に公布された「鉄道敷設法」から起こり、明治三十年代前半まで続いた。岡山県では一八九八年（明治三十一）十二月二十一日、中国鉄道岡山市・津山（現在の津山口）間が開業した。中国地方で二番目、全国では四十番目の鉄道である。

第三次鉄道熱は、一九一一年（明治四十四）に公布された「軽便鉄道法」と一九一二年の「軽便鉄道補助法」を機に起こり、「地方鉄道法」が公布された一九一九年（大正八）まで続いた。この間岡山県内に敷設された鉄道は、西大寺軌道、下津井軽便鉄道、井原笠岡軽便鉄道、三蟠軽便鉄道《さんばんけいべんてつどう》、中国鉄道稲荷山線、片上軽便鉄道である。西大寺軌道の軌間は本州唯一の三フィート（〇・九一四メートル）、片上軽便鉄道は三フィート六インチ（一・〇六七メートル）の狭軌《きょうき》、その他の軌間は二フィート六インチ（〇・七六二メートル）である。軽便鉄道とは、軽便鉄道法に則って敷設された鉄道という意味で、軌間が狭軌未満の鉄道を特定する言葉ではない。同じ頃開業した岡山電気軌道は、道路に線路を敷く「軌道法」に準じた鉄道である。

津山線弓削駅

津山線第４誕生寺川橋梁

因美線美作滝尾駅

姫新線美作江見駅

津山まなびの鉄道館

宇野航送場跡（現状とは多少異なる）

宇野線田井拱橋

美作の鉄道遺産

津山線沿線には、開業した一八九八年（明治三十一）当時の建造物が多数現存する。執務室が解体され待合室だけになった玉柏駅舎《たまがしえきしゃ》と誕生寺駅舎、ほぼ原型をとどめる弓削駅本屋《ゆげえきほんや》には、勾配の異なる二種類の屋根がある。錣屋根《しころやね》である。開業後に建てられた法界院駅と建部駅、再建された福渡駅もまた木造本屋である。駅本屋とは、待合室や出札室、手小荷物扱所、駅務室など運転事務を取り扱う主要な建物のことである。煉瓦構造物の現存例も多い。旭川橋梁をはじめとする橋台や橋脚、手立《てだて》トンネル、箕地《みのち》トンネル、福渡トンネル、金川駅、福渡駅、弓削駅、亀甲駅のプラットホームなどが煉瓦造である。輸入橋桁も多数残っている。旭川橋梁や誕生寺川橋梁に架けられたプレートガーダの腹板（ウェブ）には、縦方向にわたされた補剛材《ほごうざい》が天地で「く」の字形に曲がっている。「作三〇年式」と呼ばれる輸入品である。楕円形の銘板には、イギリス、ダーリントンのクリーブランドブリッジ社が一八九七年、中国鉄道会社に向けて製造したと陽刻されている。楕円形の銘板の上に帽子のような銘板が附属する桁もある。「H.ISONO & C0 CONTRACTORS」の陽刻は、明治屋を創業した津山出身の磯野計《いそのはかる》が、グラスゴーに興した「磯野商会」が輸入したことを物語っている。比較的小規模な橋梁のI（アイ）ビームには、イギリスのドーマンロング社名が陽刻されたものもある。

因美線東津山、高野、美作滝尾、知和、美作河井は木造駅舎で、執務室の解体された東津山駅を除き、ほぼ開業時の姿をとどめている。山田洋次監督の映画「男はつらいよ 寅次郎紅の花」に登場する美作滝尾駅には、木造の貨物上家が現存する。三浦は地元の人々の請願が実って開設された駅である。駅前に建つ「三浦駅建設記念碑」は、人々の熱意が実現させた駅開設の喜びを今に伝えている。

美作河井駅にある転車台の桁長は、一八七二年（明治五）に開業した新橋駅の転車台と同じ四〇フィート（約一二・四メートル）である。桁は、明治時代の鉄道黎明期に輸入されたものである。一方、美作河井駅が開業したのは一九三二年（昭和七）九月十二日である。では、転車台桁はいつ美作河井駅に設置されたのであろう。津山機関区で機関士を務めた方や美作河井駅に勤務された方の話と、鉄道統計資料などから推察すると、一九三一年（昭和十六）頃であると思われる。用途は、鳥取から中国山地を越えて除雪してきたラッセル車の向きを変えることであった。因美北線の敷設工事は鳥取から智頭《ちず》に向けて進められた。一九一九年（大正八）の用瀬駅《もちがせえき》、一九二三年（大正十二）年の智頭駅開業と共に、転車台も移設され、一九三一年、美作河井駅にやってきたのであろう。しかし、用瀬駅より前の経歴はわからない。国内に現存する四〇フィート転車台は、青森県の津軽鉄道中里駅と五所川原駅、愛知県の博物館明治村東京駅、美作河井駅だけであると思われる。その中で、可動状態で最も原型をとどめているのが美作河井駅の桁である。

美作の鉄道風景は、訪れる人をおおらかに優しく包みこんでくれる。風光明媚な因美線知和・美作河井・那岐《なぎ》間の急勾配区間は、大正時代の人々が苦労して創り上げた鉄道風景遺産で、因美線最大の松岿橋梁《まつぼうききょうりょう》や物見《ものみ》トンネルはその象徴である。

姫新線の兵庫・岡山県境には、播美鉄道会社《ばんびてつどうがいしゃ》が残した万ノ乢《まんのたわ》トンネルがあり、兵庫県側には判官《ほうがん》トンネルがある。大正時代からのトンネルはコンクリート造になるが、側壁《そくへき》を布積《ぬのづ》み花崗岩《かこうがん》、アーチを長手積《ながてづ》み煉瓦造とした万ノ乢トンネルと判官トンネルは、明治時代のスタイルである。播美鉄道は明治時代末期、津山・上郡間の敷設免許を得たが、工事途中にして未成に終わった。播美鉄道会社を買収した鉄道省が姫津線《ひめつせん》姫路・東津山間を開業させたのは一九三六年（昭和十一）四月十八日であった。姫津線と因美線東津山・津山間、作備線《さくびせん》津山・新見間を同年十月十日に統合してのが姫新線である。

姫新線美作土居駅、美作江見駅、勝間田駅《かつまだえき》、林野駅、院庄駅、津山駅、美作千代駅《みまさかせんだいえき》、久世駅にも魅力的な木造駅舎が現存する。一九二三年から一九三一年にかけて建てられた姫新線と因美線の木造駅舎は、一九三〇年に通達された「小停車場本屋標準図」に準拠したものである。美作の木造駅舎は、懐かしさや優しさを感じさせる風情の中に佇むふるさとの駅である。駅のある景観も鉄道遺産である。

旧津山扇形機関車庫

第二次鉄道熱を引き起こした鉄道敷設法には、北海道を除く三三の計画線を示した。そのうちの山陰山陽連絡線には東方線姫路・鳥取・境間と中央線岡山・津山・境間、西方線倉敷または玉島・境間の三線が明文化された。当然のごとく熾烈な誘致合戦が繰り広げられたが、政府の鉄道会議は一八九三年、国家建設線を東方とした。岡山県を経由する陰陽連絡線の希望は潰《つい》えたのである。

陰陽連絡鉄道計画が起こったのは一八八九年（明治二十二）で、その台風の目となったのは岡山県南ではなく美作であった。津山では鉄道敷設法が公布される三年前、既に姫路・津山・境間の鉄道敷設運動が起こっていたのである。運動は倉吉や米子など山陰地方にも拡大し、伯備線ルートにあたる倉敷・新見・境間というライバルも現れた。こうして高じた鉄道熱が一八九八年（明治三十三）の、中国鉄道岡山市・津山間開業として結実するのである。

中国鉄道会社は当初、岡山・米子間の敷設を計画していた。しかし、およそ三分の一にあたる岡山市・津山間の敷設に、資本金の約三分の二を使ってしまい、開業後の経営状態もはかばかしくなかった。その結果、一九〇六年に津山・米子間の敷設を断念した。一八八九年に始まった陰陽連絡鉄道の夢はここでいったん頓挫したのである。

美作の鉄道遺産の中で、最も知られているのが「津山まなびの鉄道館」、旧津山扇形機関車庫《きゅうつやませんけいきかんしゃこ》である。転車台から放射線状に伸びた線路に、一七両の蒸気機関車を収納する機関車庫は、上から見ると扇を広げたような形をしている。Fan Shaped Engine Shed が本来の名称で、Round Engine Shed または Round House は円形機関車庫を指す言葉である。日本に円形機関車が建てられた歴史はない。一七線構造は、京都鉄道博物館の旧梅小路蒸気機関車庫に次ぐ現存第二位である。完成したのは、津山駅が東西南北をつなぐ鉄道の要衝となった一九三六年であった。

日本初の機関車庫が建てられたのは一八七一年（明治四）である。新橋駅に扇形、横浜駅には矩形《くけい》の機関車庫が完成した。扇形機関車庫の建設費は、方形の矩形機関車庫よりも高い。明治時代は矩形が主流であったが、一九〇三年（明治三十六）、山陽鉄道会社が煉瓦造の姫路第二機関車庫を建て、一九一一年（明治四十四）には神奈川県の国府津駅《こうづえき》に、フランスのアンネビックがコンクリートで建設した。矩形機関車庫に比べて効率的な運用を得意としたのが扇形機関車庫である。機関車が大型化し、保有両数が増え、鉄道監督庁が鉄道省に変わった一九二〇年（大正九）から、全国の主要駅近傍に建設されるようになった。扇形機関車庫の設計標準作業は一九二四年（大正十三）頃始まり、一九三二年（昭和七）の「扇形機関車庫設計標準図」で完成した。鉄道施設や車両の標準化が必要となったのは、山陽鉄道会社など一七の私設鉄道が国有化され、逓信省鉄道局の管理下に置かれたからである。車両や施設、人事制度は各社各様であったために、標準化が必要となったのである。その一例が、一九三〇年（昭和五）に通達された「小停車場本屋標準図」で、開業後に見込まれる利用客数に応じて五種類の図面が用意された。扇形機関車の標準化も同様に進められた。

旧津山扇形機関車庫は鉄筋コンクリートスラブ構造である。扇形機関車庫設計標準図に示された甲乙丙の中では、修繕工場を持たない丙形に相当すると思われる。前面（転車台側）と最後部（奥側）の壁は角柱、内部では二列三四本の円柱が陸屋根《りくやね》を支えている。柱と陸屋根は正方形と円形の補強ハンチでつながれている。

前面から見ると、右から低棟、高棟、中棟に区分できる。低棟には道具置場や技工長室、修繕室、鍛冶場があった。高棟は第一線から四線、中棟は第五線から一七線である。前面の屋根高は六・七メートル、八・四五メートル、七・三七メートルで、天井高は六・四メートル、八・一五五メートル、七・〇七五メートルである。第五線と六線、第一一線と一二線の間にはスリットがある。スリットはエキスパンションジョントと呼ばれ、温度差によるコンクリートの伸縮や、地震時の揺れ方の違いを吸収する役目を果たすものだと思われる。つまり、機関車庫は三つの建物からなり、第一二線から一七線の屋根は第六線から一一線の建物に、第六線から一一線の屋根は低棟から第五線までの建物に乗りかかるように造られている。エキスパンションジョイントは、旧津山扇形機関車庫の構造上の大きな特徴である。

屋根には、蒸気機関車の煤煙を庫外に逃がす排煙装置が設けられていた。第一線から三線は、機関車を前向きでも後向きでも、第四線から一七線は前向きに入庫させる設計である。全線の床には機関車の点検などを行うピットが掘られているが、第六線と八線のピットは転車台側と左右両側に拡大されている。気動車の点検用である。第二線にはかつて、機関車の簡易修繕を行うドロップピットが掘られ、天井スラブの下部分には、重量物を吊るすモノレールを支えた梁が残されている。背面の大部分は上下二段のガラス窓で構成されている。上段は下部嵌殺・上部横軸回転窓、下段は中嵌殺・上下横軸回転窓である。背面を広い連続窓としたのは、機関車の黒い車体や煤煙、煤けた天井で暗くなりがちな庫内に、できるだけ光を取り込もうとした工夫の跡であり、扇形機関車庫特有の景観である。

扇形機関車庫には、D五一形蒸気機関車をはじめ、ただ一両製造されたDE五〇形ディーゼル機関車などの内燃動車一三両が静態保存されている。D五一形は、蒸気、ディーゼル、電気を含む国産機関車の中ではもっとも多い、一一一五両製造された機関車である。

宇野線と宇野港の遺産

児島湾干拓事業と宇野築港事業は、明治時代の岡山県における二大土木事業である。宇野湾が天然の良港であるとわかったのは、官営製鐵所（現在の新日鐵住金八幡製鐵所）の候補地調査が行われた時であった。明治時代中期まで、岡山県の海の玄関は片上港、九蟠港《くばんこう》、三蟠港《さんばんこう》、下津井港、玉島港であった。しかし産業を近代化させるためには、岡山市街に近い、大型船の横付けできる港が必要であると考えられた。その白羽の矢が立てられたのが宇野湾である。築港事業は宇野線の敷設とセットで計画され、紆余曲折の後、一九六八年（明治四十三）に竣工した。

宇野線には四回の路線変更史がある。第一は、一九二五年（大正十四）の鹿田駅《しかたえき》の廃止と大元駅の新設である。第二は、電化工事による一九六〇年（昭和三十五）の児島《こじま》トンネル付け替である。第三は、本四備讃線開業に伴う一九八八年（昭和六十三）の茶屋町・彦崎間の一部高架化である。そして第四が一九九四年（平成六）の宇野駅移設である。

宇野線が敷設された明治時代末期は、山陽線上郡・吉永間が複線化された時期に重なる。明治時代を代表する建築資材・煉瓦が、最高品質を誇った頃であり、半面、コンクリートにその座を明け渡す前夜でもあった。山陽線上郡・吉永間と宇野線沿線には、角《かど》をまるく仕上げる弧状煉瓦（異型煉瓦）が使われている。宇野線の煉瓦は、大阪南部の堺煉瓦会社と香川県観音寺市の讃岐煉瓦会社で焼かれたものである。『宇野線建設概要（鉄道院岡山建設事務所、一九一〇年）』によると、廃止された児島トンネルの工事は、固い岩盤に苦しめられ、一日に一尺しか掘り進むことができなかったほどの難工事であった。

八浜・備前田井間には、廃止された児島トンネルと共に、鉄道技師の意地を見せたコンクリート橋が現存する。岡山建設事務所の技師・八田嘉明《はったよしあき》は、田井拱橋《たいきょうきょう》と大門暗渠《だいもんあんきょ》だけを無筋コンクリート造とした。コンクリートがまだまだ高価で、評価の定まっていなかった当時、八田はその先進性に賭けて二つの橋梁をコンクリート造としたのだと思われる。

宇野駅の南に残る宇野航送場跡《うのこうそうじょうあと》は、一九一〇年～一九九一年（平成三）まで行き交った宇野・高松間航路の遺構である。

軽便鉄道の遺産

西大寺鉄道は一九一一年（明治四十四）、西大寺軌道として産声をあげ、一九六二年（昭和三十七）の赤穂線全線開業と共に廃止となった。その遺産としてはまず、起点となった西大寺市駅（現在の西大寺バスセンター）にある木造の旧本社と財田駅舎《さいでんえきしゃ》、キハ7号内燃動車である。次は軌道跡である。西大寺市・大多羅間は遊歩道として整備され、広谷駅跡には駅名表示が置かれている。道路となった森下・後楽園間を、地元では「軽便道」と呼んでいる。後楽園駅跡には夢二郷土美術館が建てられている。

下津井電鉄と三蟠鉄道は、宇野線と宇高航路の開設により往時の賑わいを失った下津井港と三蟠港に活気を取り戻すために計画された軽便鉄道である。下津井電鉄は一九一三年（大正二）、下津井軽便鉄道として誕生したが、一九七二年（昭和四十七）茶屋町・児島間を、一九九一年（平成三）には児島・下津井間を廃止した。ほぼ全線にわたり廃線跡をたどることができ、プラットホーム跡が確認できる所も多い。特に、児島・下津井間は「風の道」として整備され、架線柱も残っている。下津井駅跡には車両が残され、下津井みなと電車保存会のみなさんが保存整備活動を続けている。瀬戸内市のおさふねサービスエリアにもクハ六形電車とホワ一〇形貨物車が静態保存されている。

井笠鉄道は一九一三年、井原笠岡軽便鉄道として笠岡・井原間で営業炎天を開業した。その後、矢掛と神辺《かんなべ》にも支線を延ばしたが、一九七一年廃止となった。笠岡市山口にある笠岡市井笠鉄道記念館は、一九一三年に建てられた新山駅舎《にいやまえきしゃ》を曳家《ひきいえ》して記念館としたもので、ドイツのコッペル社製一号機関車やホハ一形客車、ホワフ一貨物車、転車台や資料を保存展示している。記念館は井原笠岡軽便鉄道創立七〇年を記念して一九八一年開館したものである。二〇一二年に笠岡市の管理となった。記念館の開設から、新山駅舎と車両、資料の保存・管理を続けてきた田中春男氏さんは、産業考古学会の功労者表彰を受けた。井笠鉄道の車両は、JR笠岡駅南にある笠岡鉄道公園や池田動物園などに保存され、北海道の丸瀬布森林鉄道にはホハ一三形と一九形が動態保存、ホハ一八が静態保存されている。

片上鉄道は、柵原鉱山《やなはらこうざん》を買収した藤田組が、吉井川の高瀬舟に代わる鉱石等の運搬手段として、一九二三年（大正十二）、片上・井ノ口間を開業させ、一九三一年（昭和六）年には柵原まで延長させた軽便鉄道である。輸送量は一九六〇年代に最盛期を迎えたが、

西大寺鉄道
キハ7号内燃動車

下津井電鉄下津井駅

笠岡市井笠鉄道記念館

片上鉄道吉ヶ原駅

一九八七年、鉱石輸送をトラックに転換し、一九九一年の柵原鉱山閉山に伴い廃線となった。吉ヶ原駅構内にはＤＤ一三形ディーゼル機関車やキハ三〇三形気動車など一一両が保存され、一九九二年に結成された片上鉄道保存会のみなさんが、車両や施設の管理を続け、毎月第一日曜日には車両の展示運転を行っている。吉ヶ原駅舎は、片上鉄道会社特有の、急勾配の切妻屋根と梁をデザインとして見せるハーフティンバーを特徴とした木造駅舎である。

〈其の二〉―――――――――――――――――――――― 國富　和夫

橋　梁（道路）

㈠京橋

現存する数少ない鋼管柱橋脚橋

岡山駅前を出発した岡電（岡山電気軌道）東山線の路面電車は、市街の中心部を通り、西大寺町電停を過ぎたところで大きく東にカーブし、旭川を渡るが、ここに架かるのが大正六年に完成した京橋である。

京橋は、かつては現在よりも川上に架かっていて、大橋と呼ばれていたようだが、橋の周りには京、大阪の呉服などを商う店が多く、京町と呼ばれていたことから、橋も「京橋」という響きのよい名がついたという。その後一五九三年（文禄二）宇喜多秀家によって、現在の場所に新たな京橋が架橋された。

それからの京橋は、城下への東からの玄関口、旭川を行き来する高瀬舟や四国、上方方面からの船着き場として、陸路との水運が交差する交通の要衝となり、一大商業地として栄えることになる。また明治、大正にかけては東側の中州、西中島と東中島は歓楽街として発展し、夏の夜には中州一帯に夜店や寄席なども並んだという。いまでもその面影は町並みにわずかに見てとることができる。この間にも京橋は幾度となく洪水で流され、明治三十三年には鉄柱橋脚の木桁橋が架けられた。そしてその後、大正六年になって架け替えられたのが現在の京橋である。

当時、旭川西岸にはすでに路面電車が走っていたので、電車軌道と道路との併用橋にする計画だったようだが岡電の準備が間に合わなかったため、先ず道路専用橋として完成する。構造は、鋼管柱橋脚、鋼桁、鉄筋コンクリート床敷、というもので、石造りの高覧には「京」の文字を模った鋳鉄製の格子がはめ込まれるという優雅なデザインで、当時この辺りが岡山の中心的な商業地で、人々の期待と関心を集めていたことがわかる。

完成時の全長は一二九・二メートル、幅は一〇・九メートルで、六年後の大正十二年、岡電の乗り入れに伴い、一四・二メートルに拡幅された。この先進的な橋の設計者と施工責任者はいずれも岡山市に勤務する技手で、大正期になると、地方にも優秀な人材が育っていて、このような大工事も、中央から技師を招かなくても可能になりつつあった。

この橋の最も大きな特徴である鋼管柱橋脚とは、まさに橋脚に鋼管を用いるのだが、当時の技術では、継ぎ目のない大きなパイプ状の鋼管を製造するのは難しく、ここで使われているのは、半円状に曲げ加工した二枚の鋼板をリベットで合わせて円筒にし、これを縦に六本繋ぎ、直径〇・九メートル、長さ六メートルとし、内側にコンクリートを打設するというもので、横に五本（拡幅前は四本）九メートル毎に一三列、全体で六五本使われている。現在、こうした鋼管柱橋脚の道路橋は全国でも二例しか残されていないという。

アーチ橋やトラス橋に比べると一見地味な印象を受ける京橋だが、河川敷へ下りて橋脚を目の当たりにすると、そこには、無数のリベットが打たれた六五本の鋼管がひしめくように林立していて、その存在感に圧倒される。鋼管の上部を繋ぐアーチ構造もどこかアール・デコ風で美しい。焼玉エンジンのポンポン船が発着していた頃から、時の流れが止まっていたかのような光景である。

床板（橋の上の道路部）は、完成時、切石と木塊で舗装されていたようだが、現在、歩道部分は石畳、車道と軌道敷はアスファルト舗装で、複線の線路に挟まれた中央部に当時の物だろうか、石畳が見える。また石造だった高欄は鉄骨製の手すりに変わり、親柱も左右の「京橋」の橋名板のある下の部分だけが残っている。橋の西詰めの「京橋交番」は昭和六十三年にレトロな建物に建て替えられているが、親柱、橋灯、高欄なども当時の姿を再現し、往時の姿を取り戻して欲しいものだと思う。

現在も朝六時頃から夜一〇時過ぎまで、上り・下りともほぼ一〇分毎に、かつて東武日光軌道を走っていた「KURO」・旧呉市電の「たま」、新型低床電車「MOMO」（ボンバルディアLRVをライセンス製造）など新旧様々な路面電車が橋を渡り、電車マニアには格好の撮影ポイントとなっている。

長い歴史を持つ京橋だが、昭和三十八年、下流に「新京橋」が完成し、かつて水運の拠点を岡山港に譲ったように、国道の橋、陸運の拠点としての地位を譲ることになった。しかしそのことが、大正期の技術を伝える貴重な遺産である京橋とその界隈の風情とを、今に残す事に繋がったと言えるのではないだろうか。

(二)大原橋

時代を映すコンクリートアーチ橋

県道岡山・吉井線が玉柏から牟佐に向かって旭川を渡るところに架けられているのが大原橋である。全長は四三二メートル、右岸から見ると広い河川敷を跨いでリズミカルに並んだコンクリートのアーチが印象的である。

かつてこの辺りには、明治十年代に木橋が架けられ、その後土橋や中州までの短い木橋なども架けられていたというが、昭和九年九月の室戸台風による旭川の増水で流出してしまった。そのため災害復旧事業の一環として昭和十一年十二月に起工、昭和十七年にようやく完成をみたのが現在の橋である。

もとの計画では、すべてを鋼材にする予定だったが、太平洋戦争がおこったため鋼材不足となり、コンクリートに変更されたともいわれ、三九・二メートル×九連のＲＣローゼ桁という鉄筋コンクリートアーチと七〇メートル×一連のワーレントラス橋として完成した。左岸七〇メートルのトラス橋部分は、水流の関係からスパンを長くする必要があったのだと思われる。

京橋

大原橋

ＲＣローゼ桁は、戦時体制の鋼材不足を補うため、北海道帝国大学土木工学科を卒業して長野県へ赴任した中島武という若い技師が、すでに鋼橋として計画されていた橋梁の設計見直しの中で考案した工法で、このため同県には数多くみられる。梵鐘までも石やコンクリートに替えられたという戦時下ゆえに生み出された飾り気の無いコンクリートアーチだが、どこか素朴な美しさもあるように思う。大原橋の九連三五二メートルに及ぶＲＣローゼ桁は壮観で、戦前のものとしては日本一の規模だという。幅は五・五メートル、路側帯のない上下二車線で、対向車が来ると少し狭く感じるが、また、この幅で必要十分だった当時の交通量や、走っていた車の大きさなどを想像することもできる。近くで見上げると、コンクリートのアーチが大きな腕を拡げたモニュメントのようにも思えてくる。

橋の上流側には自転車も通れる幅一・五メートルほどの歩道橋が取り付けられている。東側の牟佐地区の子供たちは、毎日この橋を渡って右岸側にある小学校に通っているのだが、実際に歩いて渡ってみると思った以上に長い。暗い雨の日など心細くはないのだろうか。この歩道橋が設けられたのは昭和四十六年で、景観としては、歩道橋がない下流側のほうが完成当時のすっきりした姿を留めている。

戦時下という資材も人手も充分ではなかった時、果敢に新しい工法を取り入れ、努力と工夫でこの大工事を完成させた人々が偲ばれる。

かつては岡山市内と美作地区を結ぶ幹線道路の役割を担っていた大原橋だが、昭和六十一年、やや上流に新大原橋が完成し幹線道路も移ることになった。今は路線バスのほか行き交う車も少なく、中州に生い茂った木々に囲まれ、風景の一部のようにひっそりと佇んでいる。

県下の同じようなRCローゼ桁橋としては、高梁市成羽町を流れる成羽川に架かる総門橋がある。こちらは全長四三二メートル三連アーチで、昭和十三年八月に起工、終戦間近の昭和十九年に完成している。

昭和十九年といえば、国中が戦時一色だったかのように思われがちだが、一方ではこうしたインフラ整備も行われていたのだ。コンクリートアーチの緩やかなカーブにどことなく郷愁を憶える橋である。

(三)高梁川の鋼橋

室戸台風の襲来

昭和九年九月十五日、フィリピンの東海上で発生した台風は勢力を増しながら北上し、九月二十一日早朝五時、高知県室戸岬付近に上陸した。室戸台風と名付けられたこの台風は、強風や高潮により死者行方不明者三〇三六人という未曽有の被害をもたらした。

県下でも高梁、旭、吉井の三河川を中心に甚大な被害をもたらした。多くの市町村が洪水に襲われ、死者一四五人、家屋の全半壊四五〇〇戸、床下浸水二万七〇〇〇戸、二八五六ヵ所の橋梁に被害が出た。

橋梁も甚大な被害を受け、復旧にあたっては、鉄またはコンクリートの永久橋とすること、中でも七〇メートル以上のものは鋼製とすること、幅員を平均五・五メートルとし将来の交通需要に対応するものとされた。設計、施工については、様々な形式や工法が用いられ、高梁川にも短期間に次々と新しい橋が架けられた。そのうち、井倉橋、田井橋、方谷橋が「室戸台風の災害復旧橋梁群」として土木学会選奨土木遺産に選ばれている。ここでは水内橋、方谷橋、田井橋を訪ねて見ることにした。

水内橋

方谷橋

田井橋

水内橋

ＪＲ伯備線と高梁川に挟まれて北へ向かう国道一八〇号線が美袋駅を過ぎ、さらに二キロメートルほど走ると青いトラス橋が見えてくる。昭和十一年室戸台風で流された橋の復旧工事により架けられたのが水内橋《みのちばし》である。

全長は一八〇メートル、幅は五・五メートル、最大支間（橋脚と橋脚の間）七二メートルのゲルバートラス橋である。支間が広くなると、従来のトラス桁では相当大きなトラスを組むことになるが、ゲルバートラス橋（カンチレバートラス橋ともいう）では、吊り桁を、両側の橋脚から張り出した片持ち梁がヒンジを介して保持するもので、この工法だと七〇メートルを超える支間を渡すことができ、また資材の節約にもなるため、中流の川幅が広い所でよく用いられる。昭和初期にはこの形式の橋が多く架けられたようだ。水色に近い青色の塗装も、そのスタイルとともに軽やかな印象を与え、高梁川の橋梁群のなかでも異彩を放っている。

方谷橋

藩政時代の武家屋敷や商家、近代以降のキリスト教会、女学校校舎などの文化遺産が点在する高梁市は、備中松山藩の城下町、備中の教育・文化の中心として栄え、また町を南北に貫流する高梁川は新見・総社・倉敷を結ぶ水運を担っていた。

観光駐車場に近い紺屋町バス停の少し北に架けられているのが方谷橋である。橋名は江戸時代末期、藩主板倉勝静の下で藩政改革を断行した儒学者　山田方谷に因んだもので、その名は公園や市民施設、伯備線の駅名にもなり、郷土の偉大な先人として敬愛され、近年では大河ドラマの主人公に、という動きもあるという。

橋は、全長一〇〇メートル、幅五・五メートル、両岸側にプレートガーターを配したランガー桁橋で、アーチ状の中央支間長は五六メートルである。中央のランガーアーチは吊り材を交点とした直線で構成され、ランガー桁はプレートガーターと組み合わせたカンチレバーとなっている。

その後国道の拡幅に合わせて、左岸のプレートガーター部を短くし、右岸を伸長、また下流側には歩道橋が設けられた。そして昭和四十七年、一キロメートルほど下流に高梁大橋が完成し、これを機に人と車の流れも大きく変わることになる。交通の主役から降りた方谷橋だが、桜の季節には、紺屋川界隈とともにこの橋を渡り、もう一つの名所である対岸の方谷林公園まで、足を延ばしてみるのもいいだろう。

　訪れた日は雨あがりだったためか水量は多く、橋の下、川幅一杯に滔々と流れている。多くの高瀬舟が行き来していたという、かつての賑わいを見てみたい気がした。

田井橋

　方谷橋を後に一〇キロメートルほど北へ上り、川面町へ向って国道を右に折れ、小さな集落を抜けるといきなり巨大な橋が現れる。山間を蛇行する高梁川に架かる田井橋である。完成は昭和十二年四月で、全長は一一四・七メートル、幅は五・五メートル（完成時の全長は八九・三メートル、その後昭和二十九年、右岸側に二五メートルのプレートガーター橋が継ぎ足された）。

　川幅が狭くなった蛇行箇所は、増水した際、橋脚が洪水で流されたり、流されてきた物で破損したりすることがある。そのため、川の中には橋脚を立てず、一スパンで渡りきるため、径間が広くとれるアーチ橋とトラス橋を組み合わせたランガートラス工法が採用された。トラス桁はプレート桁より重量が軽いというメリットもある。支間長は八八・二メートルあり、室戸台風の災害復旧橋の中では最も広く、当時としては国内最大級のランガートラス橋となった。弧を描くアーチの高さも一五メートルくらいはありそうだ。上部には、左右のアーチリブを結ぶトラス構造の梁が組まれ、鉄の橋特有の構造美を見せている。

かつては山陰と山陽を結ぶ国道の役割を担っていたが、昭和五十年に現在の国道が開通し、現在この橋を利用するのは周辺地域の人たちだけになっているようだ。

幹線道路が去りのどかな山村となった今、残された巨大な鉄の橋は、災害復旧に全力で取り組んだ人々の記念碑と言ってもいいだろう。下流側には、伯備線第三高梁川橋梁（プレートガーター橋）が架かっている。

右岸に立てられた、「高倉地域まちづくり推進委員会」による案内板に、「四囲の緑に溶け込んだアーチ橋は、季節や時間を越え、川面に映える美しさが魅力です。」と記されているのが印象的に残った。

（倉敷ぶんか倶楽部）

五●水　道編

國冨　和夫

日本で八番目の上水道

日本に初めて上水道施設が誕生したのは意外に古く、今から五〇〇年ほど前の戦国時代のことで、小田原を支配していた北条氏康が早川から水を引き、城下に飲用として供した小田原早川上水が最古とされている。本来は小田原城を守るための水壕として引いたもので、その一部を城下町に引き、各戸には木管で給水し、炭や砂で濾過して飲み水などに利用していたと言われている。その後、一五九〇年（天正十八）徳川家康により江戸・井の頭の湧水を引いた神田上水が建設され、さらに玉川上水、青山上水、三田上水なども完成し、すでに一〇〇万都市になっていた江戸の給水人口は当時世界一だったことはよく知られている。

このころの水道はまだ自然流下式の給水で、下流にいくにしたがって水が汚れることは避けられず、文政、安政年間にはコレラの大流行を見ることとなった。明治に入っても数年ごとに流行を見せ、明治十二年と明治十九年には死者が一〇万人を超す惨事となり、近代水道建設の機運が一気に高まることとなった。

近代水道とは、川などから取り入れた水を濾過、浄化し、加圧して鉄管などを用いていつでも使えるように給水を行うもので、日本で初めて近代上水道が設けられたのは横浜市で、明治十六年、イギリス陸軍工兵大佐ヘンリー・S・パーマーを顧問として招き設計を依頼、明治十八年に工事を開始し、同二十年十月十七日に給水を開始した。その後、函館、長崎、大阪、東京、広島、神戸と続き、明治三十八年七月、全国で八番目となる岡山市上水道施設が完成した。

岡山の上水道施設は、まずイギリス人技師、ウィリアム・K・バルトンによって設計される。バルトンは明治二十年に来日し、東京帝国大学教授や内務省衛生局の顧問として、このころ建設されたほとんどの浄水場建施設で顧問を務め、日本の近代上水道・衛生工学の発展に力を尽くした。その後、明治二十七年に日本人女性と結婚し、生まれた娘とともに帰国の予定だったが台湾に出張中病に倒れ、帰国を果たすことなく四十三歳の生涯を閉じ青山霊園に眠っている。

バルトンは明治二十三年に岡山の上水道施設の設計を終えたが、工費が膨大であったこと、明治二十五年以降度々洪水が発生し、その復旧が優先されたことなどにより計画は立ち消えとなった。その後岡山でもコレラが流行したため、再び水道建設の機運が高まり、明治三十年、長崎や神戸の水道を手がけ、後に海軍建築本部長も務める吉村長策に調査・設計を依頼した。そして三野に水源地を設け、濾過した水を北西の半田山に設けた配水池までポンプで送り、勾配を利用して市内に給水するという計画が出来上がった（バルトンの計画では、玉柏に浄水池を設け濾過した水を自然勾配で内山下の配水池に送り、ここからポンプで市内に給水するようになっていた）。その後、紆余曲折の末ようやく明治三十六年二月に着工の運びとなり、明治三十八年三月三十一日までにほぼ工事が完了、同年七月二十三日、通水を開始し、七四〇〇戸、二万三〇〇〇人への給水が始められた。水道記念館の資料によると、明治三十八年以降、堰を切ったように毎年全国各地で上水道の工事が始められており、岡山の上水道はそれらの先駆けになったともいえるのではないだろうか。

（通水一〇〇周年にあたる平成十七年、通水開始日の七月二十三日が「岡山市水道の日」に指定された）

三野浄水場

三野浄水場は、ＪＲ津山線・法界院駅から北に旭川方向へ十分ほど歩いたところにある。広さは約二五〇〇坪、一日一九万立方メートルの給水能力を持つ岡山市最大の浄水場である。水道記念館の方によると、水源地として三野が選ばれたのは、旭川の水量が豊富なこと、上流域に鉱山や工場、大きな町などがないため水の汚れがなく、市内に近い三野でもきれいな水を取ることができたからではないか、と考えられるという。

現在は、岡山市水道記念館として公開されている煉瓦造の建物は、動力室・ポンプ室として明治三十八年に建てられ、取水、送水ポンプ各二台と蒸気汽缶二台が据えられていた。基壇は花崗岩の切石を布積とし、外壁はイギリス積煉瓦、上げ下げ窓とファンライトを囲むアーチ上部には花崗岩の要石を付け、寄棟桟瓦葺の屋根周りには石造のパラペットを巡らせている。白く塗られたスレート葺きの玄関ポーチが質実な建物に瀟洒な印象を付け加えていて、旧制高等学校の講堂のような風格も感じさせる。正面ペディメントには、〃水の徳は永遠に変わることなく続く〃という意味である「坎徳無窮《かんとくむきゅう》」と刻まれた扁額が掲げられている。保存状態も良く、現存する明治の煉瓦建築としては県下有数の建物といえよう。

外観からは想像できないほどリニューアルされた館内は、水の性質などが体験できる「サイエンスプレーランド」、水道の仕組みや岡山の水道の歴史が分かる「水と暮らしのゾーン」、「ウォーターシアター」からなり、市内の小学校の社会見学では定番になっているので、一度は来たことがある、という方も多いのではないだろうか。

記念館の右にある八角形煉瓦積の煙突は、ポンプを動かす蒸気機関用に設けられたもので、建設当時は三〇メートルあったという高さは一二メートルに減じられているが、一〇〇年を超えた今も非常用ディーゼルエンジンの排気塔として現役である。初夏から夏にかけては、蔦が絡みついた煉瓦煙突は緑に覆われ、巨木のような姿を見せる。

南側には、プールのような濾過池がならび、その内の第一号、第三号緩速濾過池は創設当時のもので、現役の濾過池としては日本で最も古く、大きさは四方三四メートル、深さ二・四メートル、練り粘土にコンクリートブロック積、縁石に花崗岩切石を配している。緩速濾過とは一日三〜五メートルのゆっくりした速度で細かい砂の層を通し、砂と砂層に増殖した微生物により水中のゴミや臭いを取り除く方法だが、現在では、濁質を薬品で凝集させ、一日一二〇〜一五〇メートルの速度で濾過する急速濾過方式が主流となっていて、こちらの浄水場も緩急両方式を併用しているとのことである。かつては納涼行事として、浄水池に噴水を設けライトアップするなど一般開放された時期もあったというが、現在は衛

八角形煉瓦積

水道記念館

濾過池

取水塔

生上と保安のためフェンスに囲まれている。

取水口は旭川右岸に設けられ、堤防との西川用水をくぐり上水場に送られるが、河岸の「第一水源取水場」は創建当時のもので、周囲を石積で固めたコンクリート造で、上部には当時の岡山県知事・檜垣直右《ひがきなおすけ》が揮毫した扁額「天澤之源」が取付けられている。現在は立入禁止になっているため、水道記念館内の写真でしか見ることができないのが残念である。

取水口から少し上流の中州に立つ白い塔は取水塔である。遠くからは円筒形のように見えるが、断面は流れに沿った小判型で、トラスに支えられた送水管が堤まで延びている。堤から見ると、上部の入り口を挟んで小窓があり、その上に波型の庇のような装飾が付けられていているが、設計者のちょっとした遊び心なのかもしれない。川辺に立つ給水塔は、広々とした風景に洒落たアクセントを添えている。

半田山配水池

三野浄水場の配水池は、北西約六〇〇メートルの半田山中腹に設けられている。浄化された水はここまでポンプで送られ、自然勾配を利用して市内に配水される。

半田山は標高八五メートルどの丘陵で、頂上には「一本松古墳」という五世紀後半に造られた全長六五メートルの前方後円墳がある。またかつては岡山藩の御用林、明治期には第十七師団の弾薬庫、先の大戦時には頂上に高射砲陣地が造られるなど様々な歴史に彩られてきたが、昭和三十九年、当時の岡山市長・岡崎平大《おかざきひらお》の熱い思いによって配水池を利用した半田山植物園が開設された。

半田山植物園は面積一一万平方メートル、三二〇〇種、一五万本の植物が植えられ、春には園内の四五種類、一〇〇〇本の桜が咲き誇り、岡山の代表的な花見スポットの一つとなっている。

配水池は、園内を少し登った標高四八メートル広場にある。当初は第一号、第二号配水池の二基が築造され、その後大正八年に第三号配水池が増設された。三基とも直径は二〇・六五メートル、深さは四・五メートル、容量一一七〇平方メートルで、外周壁と底部はコンクリート造、内周壁は煉瓦張である。また内部は同心円状に二重の隔壁を設け、一六本の煉瓦造アーチで屋根を支える構造になっている。水温の安定と藻類の発生を防ぐため内部に光が入らない構造で、地上に出た部分の外壁はイギリス積の煉瓦張、通気用の開口部には岡山市章がデザインされている。第一号と第三号配水池の周囲に敷かれた煉瓦には、岸和田煉瓦会社の印が押されている。

円形の配水施設は全国でも珍しく、また安全衛生上フェンスに囲まれた施設が多い中、一般開放されているというのも珍しいようだ。明治三十八年に築造された配水池は今も現役で、市内への給配水の一役を担っている。美しい弧を描く赤煉瓦の配水池は園内の緑に囲まれ、洋風庭園のような優雅な姿を見せている。

（現在は、浄水場の配水ポンプで加圧し、直接送水している量も多く、一部がこの配水池を使っているという）

第一号配水池の東下あたりに、創建当時事務所として使われた木造平屋建の白い建物が残されている。栈瓦葺、腰部は縦板張り、上部は下見板張りという、この頃の典型的な擬洋風建築で、基礎部分の通気口には配水池と同じように市章のデザインが施されている。南向きで見晴らしも良く、なかなか快適な事務所だったのではないか思う。外観は当時のままだが、現在は植物園の倉庫として使われている。

配水池が並ぶ広場から一〇メートルほど下ると、園路を挟んで小さな煉瓦積六角形の建物が建っている。配水池や送水管の水量を監視する量水室で、広さは二坪ほどだろうか、かつてはベンチュリー式量水器という水道メーターのような器具が据えられていたようだ。

東側に立つのが創建当時からのもので、花崗岩の基礎、入り口には花崗岩の三角ペディメント、煉瓦積の角柱、壁にも花崗岩で枠取りされた丸窓を設けるなど、小振りだが当時

煉瓦造アーチの配水池

水量を監視する量水室

創建当時の事務所

の煉瓦建築の見本のような凝った造りである。西側は創建時のデザインに合わせて昭和十四年に増設されたもので、こちらはコンクリート造で、煉瓦風にタイルを張り、丸窓の枠取りやペディメントはモルタル洗い出しとなっているが、建後七〇年を経て煉瓦造のような風格を漂わせている。

このように、創建当時の上水道施設が当時のまま数多く残り、またそのいくつかが、なお現役で稼働している例は全国でも珍しい。昭和六十年には、厚労省・日本水道新聞社により、「近代水道百選」にも選ばれ、貴重な産業遺産となっている。

京橋水管橋

明治三十八年、岡山市は上水道による市内各地への配水を開始したが、その前年、旭川の東側にも給水するために旭川を横断して架設されたのが京橋水管橋である。当時まだ木橋だった京橋の上流側に並行して架設された。橋長は一三二・五メートル、水管の直径四〇センチメートル、橋台はコンクリート造で隅石を付け、橋台はコンクリート造、桁は五支間のワーレントラス橋梁である。現在では、県下に残る最古の鉄橋であり、近代水道の貴重な遺産となっている。よく見ると、橋脚は上流側が三角形になった五角形で、各隅には鉄板が貼られ、水切りを良くし、抵抗をかわすとともに、流木などによる破損を防ぐ工夫がなされているのがわかる。京橋が洪水などで過去に何度も流されているため、万が一にも流失による給水停止ということがないように、という設計者の強い意志が感じられる。事実、昭和九年の室戸台風による大洪水にも耐え、完成後一〇〇年以上を経た現在も市民への給水の一翼を担っている。近代水道の貴重な遺産であるとともに、当時の技術、施工がいかに優れていたかの証だといえよう。

岡山市に初めて上水道が引かれてから、今年で一一〇余年になる。今では、市内ならどこでも、いつでもきれいな水を使うことができるが、ここに至るまでには、コレラの流行を防ごうとした人々、時の政府に招かれ、異国の発展に尽力した外国人技師、またその実現に取り組んだ先人達、そして今日まで維持・管理に携わった多くの人々の努力があったことを改めて感じさせる遺産群である。

水道管を
守る橋脚

京橋水管橋

六●発　電　編

樋口　輝久

日本で最初に電灯が点灯したのは、一八七八年（明治十一）三月二五日に工部大学校（後の東京大学工学部）で行われた工部省中央電信局の開局を祝う祝宴の会場であった。その後、一八八三年（明治十六）に日本初の電気事業会社として東京電燈会社が設立され、一八八七年（明治二十）には東京の日本橋茅場町に電灯局（発電所）が完成し、送電が開始された。これが日本で最初の一般供給用発電所で火力発電であった。当時は低圧直流式で配電範囲は半径二キロメートル程度であった。それに先立つ一八八六年（明治十九）には、大阪紡績の三軒屋工場で自家発電による電灯（白熱灯）が点灯された。それは昼夜連続操業を行うにあたって、綿や絹を扱う作業場では石油ランプは火災の危険があったため、夜間照明として電灯が導入された。

一方、水力発電は一八八八年（明治二十一）に、宮城紡績が三居沢発電所を設置したことに始まる。一八九一年（明治二十四）には琵琶湖疏水を利用した蹴上発電所が送電を開始し、京都市内の工場の動力として、また電気鉄道への供給が行われた。これが水力発電による初の一般および公営電気供給であった。

岡山県における最初の電灯の点灯は、一八八八年（明治二十一）の岡山紡績によるもので、わが国初の大阪紡績と同様に紡績会社での採用であった。その後、一八九四年（明治二十七）に岡山電燈が設立され、岡山市内山下に発電所を設けて営業を開始した。なお、電気事業者としての電力供給は岡山電燈が中国地方で最初であった。

電力供給が始まった当初は、送電技術が未熟であったため、消費地に近いところに発電所を設置して電力供給が行われていたが、一八九九年（明治三十二）に広島水力電気が呉市の広発電所から広島市内までの二六キロメートルの長距離送電に成功すると、しだいに水力の豊富な山間部から消費地である都市部への電力供給が行われるようになった。そして、全国各地で多数の電気事業者が誕生した。

さらに、一九〇七年（明治四十）には東京電燈が山梨県の駒橋発電所から七五キロメートル離れた東京への長距離高圧送電に成功し、遠隔地における大型水力開発が始まるようになった。岡山県では、一九〇七（明治四十）頃に岡山市が市営の水力電気事業を起こそうとしたが実現しなかった。

吉井川水系の電力開発

吉井川水系の水力開発は、一九一〇年（明治四十三）に津山電気が苫田郡泉村（現・鏡野町）に井坂発電所を建設し、電燈の供給を開始したことに始まる。翌年には津山周辺の製紙、製材、繊維、鉄工などの工場に電力の供給が開始された。その後、一九一六年（大正五）に倉敷電燈と合併し備作電気となり、一九二〇年（大正九）年に入発電所、一九二二年（大正十一）には同社の主力となる久田発電所が発電を開始している。同年には旭川水系で水力開発を行っていた岡山水電と合併し中国水力電気となる。さらに一九二六年（大正十五）には姫路水力電気を吸収合併し中国合同電気と改称している。

中国合同電気は、一九二八年（昭和三）に平作原発電所、一九三〇年（昭和五）に上斎原発電所、一九三二年（昭和七）に奥津発電所を建設したが、この時期に鉄筋コンクリート造による貯水池や調整池も集中的に建設した。水力発電の発電量が河川の流量に左右されることから、取水地点か水路の途中に一時的に水を溜めておく大型の水槽を設け、需要に応じた発電を可能にするためで、昭和一桁年代は電力需要の高まりを受けて全国的にも中間調整池の建設が盛んな時代であった。そうした中、中国合同電気は恩原ダムでバットレス式ダム、久田発電所布江調整池で高架式水槽、さらに奥津発電所調整池ではバットレス式と高架式の複合構造という極めて特異な形式を次々と採用した。
以下、現存している恩原ダムと奥津発電所調整池を紹介していこう。

恩原ダム

春から秋にかけてはキャンプ、冬はスキーで賑わう恩原高原の東部に位置し、四季折々の表情を見せる恩原湖を形成しているのが、わが国に六基しか現存していないバットレス式の恩原ダムである。堤高は二三・〇三メートル、堤長は九三・六三メートル。

中国自動車道院庄インターから人形峠を越えて鳥取県倉吉市へ向かう国道一七九号線から分岐した国道四八二号線を四キロメートルほど進み、左折して恩原高原へ続く町道に入る。恩原湖の湖畔まで登り切る少し手前を右に降りていくと（立入りには許可が必要）、鉄筋コンクリートによる垂直壁と水平梁を格子状に組み上げたダムが姿を現す。このバットレス式ダムは、よく目にする重力式コンクリートダムやアースダム（土堰堤）、ロックフィルダムのようにダムの自重で水圧を支えるのではなく、水圧を受ける遮水壁を水平梁で交互に連結された扶壁（バットレス）で支える構造で、ダム内部が空洞になっているのが特徴である。したがって、重力式ダムに比べ自重が軽く、それほど強固な地盤は必要としない。

またコンクリートの打設量も少なくてすむため、セメントの運搬に有利で、工費が安く、工期も短いというメリットがあった。そのため、大正末期から昭和初期にかけて立て続けにバットレス式ダム採用され、恩原ダムも一九二八年（昭和三）に完成した。設計は、一九二三年（大正十二）の関東大震災を機にバットレス式ダムの耐震設計理論を確立した東大教授兼内務省土木試験所長の物部長穂で、恩原ダムがその適用第一号であった。また、ダムのほとりには「恩原貯水創案者山崎仲次君記念碑」が建っており、備作電気時代に久田発電所などの工事監督を務めていた山崎仲次が場所の選定、形式選択等に関与したものと思われる。

なお、一世を風靡したバットレス式ダムであったが、構造が複雑なため施工が煩雑になること、凍害の影響が報告されるようになったことにより、わが国では一九三七年（昭和十二）以降、バットレス式ダムは建設されていない。恩原ダムでも、凍害補修のため遮水壁を厚くし、バットレスと水平梁にはコンクリートを巻立てる補強工事が行われており、完成当初の華奢な姿からは印象が変わっている。希少な形式の恩原ダムをはじめ、遠藤川などの取水堰堤、沈砂池や水槽、平作原発電所の一連の水力発電施設が国の登録有形文化財に登録されている。

恩原ダム

恩原ダム（上流面）

恩原貯水池創案者
山崎仲次君記念碑

奥津発電所調整池

奥津温泉街にある郵便局を東に入り、集落を抜けたところにあるキャンプ場で右折して林道を進むと、木々の間から奥津発電所調整池が見えてくる。これが、バットレス式と高架式を組み合わせた、わが国唯一の形式の調整池である。一見するとバットレス式ダムのようにも見えるが、ダムは川をせき止め、谷をふさぐように築造されるのに対して、奥津発電所調整池はバットレス部分が途中で折れ曲がり、山の中腹に築造された大きな水槽であることが分かる。発電施設が絵葉書になっていることは驚きであるが、戦前に発行された奥津温泉の観光絵葉書に調整池を俯瞰した写真が掲載されている。基礎地盤が、調整池の底面より高いところでは山肌を削り、同程度の高さのところでは直接、床版のコンクリートを設置している。逆に基礎地盤が低くなるところでは五〇センチメートル角の鉄筋コンクリート柱を二・五メートル間隔で設置して、その上に鉄筋コンクリート床版を載せ、外縁部をバットレスで支えており、限られたスペースに苦労して平面を確保したことがうかがえる。図面上では最大高さ一八メートルであるが、実際にはバットレスと支柱の半分以上が埋め戻されているため、地表面からの高さは最大でも八・六メートルほどである。

この調整池は、奥津発電所が一九三二年（昭和七）二月に発電を開始した当初（最大出力三三〇〇キロワット）からの施設ではない。河川の流量に左右されずに、増大する電力需要に応じるため、翌三十三年十二月に築造されたもので、これにより常時五一〇〇キロワットの発電が可能となった。貯水面積は約八九〇〇平方メートル、貯水量は約五万立方メートルである。なぜこのような形式が採用されたのかその理由は明らかになっていない。しかし、久田発電所布江調整池（昭和六年三月完成）のような高架式水槽に、恩原ダム（昭和三年五月完成）のようなバットレスを付加した構造を採用しており、山腹の傾斜部であるため高架式にして平面積を確保しつつ、貯水量を増やすために水深を六メートルにして（布江調整池は二メートル）、その水圧に耐えるために外縁部（長さ一二八メートル）の遮水壁を傾斜させ、バットレスで支えたものと推測される。設計者は不明であるが、工事監督は一九〇八年（明治四十一）に第五高等学校（現・熊本大学）工学部を卒業した吉山盛で、恩原ダムをはじめ中国合同電気の各発電所の工事監督を勤めた。

調整池も含め、奥津発電所の関連施設も国の登録有形文化財に登録されており、昭和初期の発電技術を伝える貴重な近代化遺産である。

奥津発電所調整池

戦前の絵葉書に掲載された奥津発電所調整池

七●建　築編

〈其の一〉――――――――――――――――――――――小西　伸彦

日本に西洋スタイルの建物が増えたのは開国以降である。ところが、幕末の長崎には二棟が建てられている。一八六三年（文久三）年に完成したグラバー邸と一八六四年（元治《げんじ》元）の大浦天主堂である。グラバー邸はグラバー本人、大浦天主堂は宣教師フユーレが設計し、共に地元の棟梁・小山秀之進が普請した。日本最古の近代建築・グラバー邸はヴェランダコロニアル建築、大浦天主堂はゴシック様式に分類される。

ヴェランダが巡らされたグラバー邸の部屋には、入口なのか窓なのか区別のつかない、床面から立ち上がるフランス窓が開けられ、上部には外光を取り入れる半円形のファンライトが取り付けられている。波打つヴェランダの天井は菱組《ひしぐみ》で、涼しげな雰囲気を醸し出している。ヴェランダコロニアル建築は大航海時代のヨーロッパを発し、東南アジアで植民地貿易を展開した冒険者達が日本に持ち込んだ建築スタイルである。高温多湿な気候を乗り切るために、ヴェランダで日光を遮り、広く開けたフランス窓から風を招き入れたのである。窓に付けられた鎧戸は、安全を確保するための手段である。コロニアル様式とは、植民地の風土に母国の建築様式を適合させたスタイルを指す。

長崎から東に向かったヴェランダコロニアル建築が岡山にやってきたのは、一八七八年（明治十一）である。和気郡和気町益原《わくぐんわけちょうますばら》の法泉寺本堂《ほうせんじほんどう》に現れ、一八七九年には岡山市東山のアメリカ人宣教医師・ベリー邸に取り入れられた。半面、一八七九年、鹿島組の創設者・鹿島岩蔵《かしまいわぞう》が岡山市天神町に建てた岡山県庁は、擬洋風《ぎようふう》であった。擬洋風建築とは、棟梁たちが東京や横浜などの洋風建築を真似て建てた和洋折衷の木造建築である。明治二十年代まで続いたと言われている。擬洋風建築の代表は、立石清重《たていしせいじゅう》が一八七六年（明治九）、長野県松本市に建てた開智学校《かいちがっこう》、山形県令・三島通庸《みしまつねみち》が一八七九年に建てさせた済生館《さいせいかん》（現在の山形市郷土館）などがある。岡山県には、一八八七年に竣工した牛窓警察署本館（海遊文化館）がある。

日本基督教団高梁教会

高梁にキリスト教を伝導したのは、金森通倫《かなもりみちとも》と中川横太郎《なかがわよこたろう》である。翌一八八〇年（明治十三）高梁の地を踏んだ新島襄《にいじまじょう》は、一八七五年、京都に同志社英学校（現在の同志社大学）

を創設し、一八八六年には煉瓦造の同志社大学礼拝堂をヴィクトリアン・ゴシック様式で竣工させた。

　高梁教会は一八八二年に設立され、一八八九年には柿木町に木造の教会堂が建てられた。日本の木造教会堂の代表は大明寺《だいみょうじ》聖パウロ教会堂である。一八七九年(明治十二)、長崎県の伊王島《いおうじま》に建てられ、一九九四年(平成六)、愛知県の博物館明治村に移築・展示された。一八八〇年に宮城県の石巻ハリストス正教会堂が完成したが、二〇一一年(平成二十三)の東北地方太平洋沖地震で被災した。高梁教会堂は、日本に現存する木造プロテスタント教会の最古参である。

高梁教会堂

　設計者の吉田伊平《よしだいへい》は一八三六年(天保七)愛媛県今治に生まれ、一九歳で藩公下屋敷を普請するため江戸に上った。明治維新の頃は宮大工として京都で働いたが、その後、郷里で家具屋を営んでいだ。今治では一八七六年(明治九)、宣教師アッキンソンがキリスト教の布教を始めた。いち早く洗礼を受けた吉田は、大工としての腕を買われ、教会の普請を頼まれるようになった。今治市波止浜《はしはま》や愛媛県松山、高梁、天城、鳥取、函館では教会を、岡山市の山陽学園や神戸の英知女学校などはミッションスクールを建てた。

高梁教会堂は木造二階建て、延床面積二三一平方メートル。正面は一階に玄関ポーチ、二階にはヴェランダを配し、天井はどちらも菱組である。ヴェランダは木造で、柱と柱頭のデザイン、手摺に施されたゴシック様式装飾のキャタフォイル（四葉飾り）には一貫性がある。しかし、人造石の玄関部分とは調和しない。ヴェランダ上部の妻飾《つまかざ》りと破風板飾《はふいたかざ》りは洋風、軒巴瓦《のきともえがわら》には十字架があしらわれている半面、懸魚《げぎょ》を思わせる装飾も見られる。基壇《きだん》は花崗岩《かこうがん》、外壁は下見板《したみいたば》張りを基本とする。下見板張りとは板を水平に張るスタイルで、イギリス下見とドイツ下見に大分される。上の板を下の板上部に乗りかかるように張るのがイギリス下見で、繋ぎ目を重ねず平面に仕上げるのがドイツ下見である。高梁教会堂の外壁はイギリス下見で、ドイツ下見は、倉敷美観地区にある旧倉敷町役場（倉敷館）などを飾っている。

下見板張りはイギリス南東部かスウェーデンで誕生したと考えられている。大西洋をアメリカ大陸北部にわたり、開拓民が合衆国全土に普及させた。日本への上陸地は北海道であった。一八七三年、アメリカの開拓顧問団が札幌に建てた開拓使本庁が、下見板コロニアルのシンボルである。下見板が本州入りした地は山形である。開拓使長・黒田清輝《くろだきよてる》は一八七五年、鶴岡藩士団に開拓団の派遣を求め、札幌で下見板技術を修得した鶴岡開拓団がを山形に持ち帰ったのである。山形県内に下見板コロニアルを普及させたのが、県令・三島通庸《みしまみちつね》で、現存する代表が済生館本館《さいせいかんほんかん》（山形市郷土館）である。下見板コロニアル建築は、長崎から東に向かったヴェランダコロニアル建築とは対照的に、山形から西に広がったのである。

　高梁教会堂の床には板が張られているが、創建当時は畳敷きであったという。礼拝堂に置かれている「迫害の石」は、明治時代の寺町・高梁に起こったキリスト教迫害の証人である。礼拝堂には、縦長の窓から豊な光が入ってくる。窓は正面に二つ、西側に五つ、東側に四つ開けられている。すべ「て上げ下げ式で、頂部はゴシック建築特有の尖頭《せんとう》アーチでなく、縦長二等辺三角形である。教会堂は一九五二年（昭和二十七）、岡山県重要文化財に指定された。それを記念として一九五三年に増築された鐘楼《しょうろう》は、札幌農学校演舞場（札幌市時計台）を模したものだという。

津山高等学校旧本館

一八七一年(明治四)に布告された「廃藩置県」により、備前、備中、美作には一四県と九県の他県飛地が置かれた。県境は藩政時代の境界を、県名は藩名を踏襲し、岡山藩は岡山県、津山藩は津山県などとされた。「第一次府県統合」では、備前一円が岡山県、美作一円は北条県、備中一円と備後東部の六郡は深津県とされた。現在の県域を持つ岡山県が誕生したのは一八七六年であった。

明治政府は一八七一年、欧米先進国に倣った統一的近代教育制度の実現を目指し、文部省を置いた。翌一八七二年には「学制」を発布して、小学校、中学校、大学、三段階の学校制度を敷いた。一八八八年に発布した「中学校令」では、各府県に一校の県立中学校を置くことを定めたが、入学者資格を拡充した一八九四年以降、入学希望人口が急増した。岡山県でも、備前に設置する岡山中学校一校では収容できなくなった。そこで一八九四

津山高等学校旧本館

年、備中の高梁と美作の津山に、それぞれ一校の尋常中学校設置を決め、一八九五年、西北条郡津山町大字山下《にしほうじょうぐんつやまちょうおおあざさんげ》に、岡山県立津山尋常中学校が設置されることとなった。

津山中学校の建設は一八九八年に始まり一九〇〇年八月三十一日、本館と東西校舎が完成した。東西校舎は建て替えられたが、本館は増築された後も使われ続けた。本館は木造二階建て、桟瓦葺《さんがわらぶ》き、ファサード（正面の立面）は張り出した玄関を中心に左右対称である。基壇はイギリス積み煉瓦、外壁は下見板張りを基本とし、一階と二階の窓の下は竪羽目《たてばめ》である。玄関ポーチは格天井《ごうてんじょう》、ポーチ上部は波模様が施された手摺りが巡らされたバルコニーで、銅葺《どうぶ》き塔屋の上には避雷針が付けられている。上げ下げ窓のデザインは、一階の上部が水平の楣《まぐさ》、二階の中央一箇所はペディメント（三角形）、それ以外は櫛形《くしがた》である。正面の張り出し部分を含め、二階の床位置にはデンティル（歯飾り）をあしらった胴蛇腹《どうじゃばら》が巡らされている。軒蛇腹を支えているのは対の持ち送りで、持ち送りと持ち送りの間は、長方形に中央に円を配した連続模様とされている。この模様は、真庭市の遷喬尋常小学校中央棟《せんきょうじんじょうしょうがっこうちゅうおうとう》、破風部分《はふぶぶん》に嵌めこまれている鎧戸上部の装飾に類似する。屋根の上には、中央と左右の三ヵ所にドーマーウィンドーが置かれ、時計の嵌め込まれた中央のみは破風飾りが施されている。時計が設置されたのは一九六一年である。

津山中学校本館の姿は、一八九六年（明治二十九）に完成した岡山尋常中学校本館と、一九〇〇年（明治三十三）に竣工した高梁中学校本館によく似ている。岡山中学校を設計したのは、山口半六《やまぐちはんろく》と共に文部省で学校建築の指導にあたった久留正道《くるまさみち》であった。

旧遷喬尋常小学校

明治政府は文明開花の旗のもと、殖産興業政策と富国強兵政策を推進した。その目的は幕藩体制からの早期脱却と新体制の確立、江戸時代末期に列強との間に締結した通商条約の不平等解消であった。そのためにはまず、国民に新しい時代が来たことを印象付けるが必要であると考えた。その手段は普段目にする建物を洋風化することで、より強烈にアピールする手立が鉄

旧遷喬尋常小学校舎

道の敷設であった。一八七二年（明治五）に着手した銀座赤煉瓦街の建設や、同年開業させた新橋・横浜間の鉄道にはこうした背景があったのである。

銀座赤煉瓦街をはじめとする洋風建築を、為政者達は列強からの来訪者に自慢したであろう。しかし、洋風建築を伝えたのは建築学を修得した建築士ではなく、需要があれば何にでも手を貸す冒険者らであった。幕末の薩摩藩に招かれ、集成館《しゅうせいかん》に日本初の紡績工場を建て、明治時代の諸段階には大阪造幣寮や泉布観《せんぷかん》、東京の竹橋陣営《たけばしじんえい》、銀座赤煉瓦街などを完成させたイギリス人ウォートルスがそうであった。横浜の洋風建築や横浜駅、新橋駅を手がけたアメリカ人ブリジェンスもその一人であった。ブリジェンスを師と仰いだ清水喜助《しみずきすけ》や林忠恕《はやしただひろ》らが建てた第一国立銀行や内務省、駅逓寮など、京浜間にはウォートルス党やブリジェンス党の手による洋風建築が多数生まれ、地方の棟梁らはそれらのデザインをわが町に持ち帰り、擬洋風を広めたのである。

アカデミックな西洋建築に則らない東京や横浜の洋風建築は、そのプロポーションがでたらめであったり、意匠が適切でなかったりで、列強からの嘲笑を買う結果を招いた。不平等条約の解消どころではなかったのである。そこで、時の外務卿・井上薫《いのうえかおる》らは、正規の建築学を学んだイギリスやドイツの建築家に鹿鳴館《ろくめいかん》や官庁街の設計と、日本人技術者の養成機関を設けることを依頼した。こうして、工部大学校に招かれたイギリス人技師ジョサイア・コンドルが鹿鳴館など、ドイツ人のヘルマン・エンデやウィルヒルム・ベックマンらが法務省をはじめとするルネサンス様式の煉瓦建築物を設計したのである。コンドルから建築学を学んだ辰野金吾《たつのきんご》はイギリス式、片山東熊《かたやまとうくま》はフランス式、妻木頼黄《つまきよりなか》はドイツ式建築を広めた。辰野は日本銀行本館や東京駅など、片山は東宮御所（赤坂璃宮迎賓館）や帝国京都博物館（京都国立博物館特別展示館）など、妻木は横浜正金銀行本店（神奈川県立歴史博物館）や横浜新港埠頭倉庫（横浜赤レンガ倉庫）などを設計した。ウォートルスやプリジェンスにはじまる棟梁らの擬洋風建築を「民の系譜」、コンドルから工部大学校を経るアカデミズム建築を「官の系譜」または「お上の系譜」と呼ぶ。

学校教育の近代化は「学制」に始まり、学校建築擬洋風化の先駆者となったのが、一八七六年（明治九）山形県令に就任した三島通庸《みしまつねみち》であった。三島は一八七七年、朝暘学校《ちょうようがっこう》に東北地方最大の木造校舎を完成させ、四年間に五四七の公立小学校を建てたが、その工法は、鶴岡藩が札幌から持ち帰った下見板張りであった。山形県には三島式下見板系擬洋風建築が普及し、長野県や山梨県、静岡県には漆喰系擬洋風《しっくいけいぎようふう》の小学校が多数現れた。

既存の小学校舎には既存の建物が転用されていたが、このような情勢から、擬洋風化が加速した。当時の行政府には、小学校の建築様式はこうあるべきである、などという共通認識はなく、設計や意匠に関する裁量は府県に一任されていた。それが、擬洋風校舎の急激な拡大と、個性的な意匠の追求につながった。ところが、意匠を凝らした擬洋風建築には金がかかり、奇抜な意匠を追ったがために、雨仕舞や採光対策を蔑《ないがし》ろにされるという問題が生じた。その反省から一八八二年（明治十五）、「学校建築設計準則」が制定された。擬洋風の回避開始である。

文部省で学校建築の指導にあたったのが山口半六《やまぐちはんろく》と久留正道《くるまさみち》である。建築を指導すると共に、一八九一年（明治二十四）からは「小学校設備準則」や「小学校建築図案」など建築指導要綱の改正に着手した。「小学校設備規則」では、教室面積規定と共に、北側片廊下として教室に光を入れる、講堂のほかに雨天体操場を設置するなどの、学習環境の充実も図った。

岡山県でも小学校建築規定の制定や改訂が行われ、「小学校設備規則」が出された。その二年後の一九〇二年（明治三十五）、江川三郎八《えがわさぶろうはち》が岡山県技手に赴任した。江川は一八六〇年（万延元）、福島県白河に生まれ、宮大工から福島県職員になった。行政機関や教育機関、橋梁の工事などに携わり、山口半六や妻木頼黄、伊東忠太《いとうちゅうた》の薫陶を受け、久留正道らからは学校建築の指導を受けた。岡山県庁に就任してからは、県内の行政機関や教育機関、医療機関、宗教施設、商業施設、個人宅など多数を設計し、一九三九年（昭和十四）逝去した。

江川が設計したか、江川の影響がうかがえる木造建築物は、現存・非現存を含め一一〇棟をくだらない。古写真や江川自身が残した自叙伝『生い立ち之記（岡山県立図書館等蔵）』から代表作をあげると、岡山警察署（一九〇五年）や岡山県立戦捷記念図書館《おかやまけんりつせんしょうとしょかん》（一九〇八年）、岡山県議会議事堂（一九〇九年）、岡山県立師範学校（一九一一年）などになる。現存最古と考えられる建物は、閑谷黌本館《しずたにこうほんかん》と金光中学校記念講堂（共に一九〇五年）である。江川は一九二三年（大正十二）、岡山県を依願退職したが、一九二五年に完成し、戦災で焼失した天満屋本館も江川の設計であった。一九二八年（昭和三）には金光教技師に就任した。金光教教義講究所（金光教学研究所）の移転・改築が、『生立ち之記』に書き残した最新の建物である。真庭市の木山神社には、江川の名前が書かれた祈願札と棟札が残されている。本殿屋根の檜皮葺《ひわだぶ》き替え工事の監督者を務めたこと、拝殿などの建て替えに従事したことがわかる。

江川式建築の特徴の第一は小屋組み、自ら「江川式小屋組」と呼ぶトラスである。福島時代の江川は、幸平橋や藤橋、信夫橋などでトラスの実績を積んだ。その応用が、岡山県への着任早々取り組んだ岡山県高等女学校講堂と雨天体操場である。トラスは大空間を巧みにつくり出すが、江川式の教室や講堂には柱がない。その秘訣は、窓側の柱の強度を十分に取る設計にあるという。半面、金光中学校記念講堂のように、二重織り上げ格天井《ごうてんじょう》の下に列柱《れっちゅう》を配するものもある。二重織り上げとしたのは、垂木《たるき》を隠す神社建築の応用であり、デザインと機能を両立させる、確かな技の証であるいう指摘もある。

第二は、プロポーションである。官の系譜のような絵画的なものではなく、少々無骨で重厚である。閑谷黌本館や遷喬尋常小学校舎《せんきょうじんじょうしょうがっこうしゃ》なども、スマートとは言い難い。

第三は、意匠である。ファサードは玄関を中心に左右対象とし、基壇には煉瓦を積むことが多く、板材だけではなく花崗岩の切り石に至るまで細かな注文を付けている。基壇に開けた換気格子《かんきごうし》にも、建物を象徴するデザインを加えている。外観は下見板張りと竪羽目を基本とし、筋交《すじか》い状のハーフティンバーでアクセントを付け、コーニスを持ち送りが支えるデザインも多い。筋交いや柱、梁には面取《めんと》りを施すなど、細部にまでこだわっている。玄関ポーチや柱などを方杖《ほうづえ》アーチで飾り、格天井や竿縁天井《さおぶちてんじょう》をのせるあたりは、宮大工としての力量をうかがわせる。窓の上下は秣《まぐさ》や櫛形《くしがた》、あるいはペディメントで飾り、三角形の一辺を壊したブロークンペディメントとする場合もある。屋根にはドーマーウィンドーを置くことが多く、記念碑的な建物には塔屋を併設して、その町のランドマークとしての意味を持たせている。

プロポーションや意匠の特徴から観察すると、県内に現存する木造建築に江川式が多いことがわかる。現存建築物の双璧は、真庭市の遷喬尋常小学校舎と岡山市南区の旭東幼稚園附属幼稚園舎《きょくとうしょうがっこうふぞくようちえんしゃ》であろう。

遷喬尋常小学校の工事は一九〇四年（明治三十七）に始まったが、日露戦争のため一時中断され、一九〇七年（明治四十）に竣工した。岡山県土木掛工師時代の作品で、工事監督は中村錠太郎、施行は津山町の高橋岩吉であった。建築費の一万八〇〇〇円は、当時の久世町の二・七年分の予算に相当したという。

遷喬尋常小学校の開校は一八七四年（明治七）年である。津山藩の年貢米倉庫を校舎にあてていたが、増加する児童に対応できなくなり、一九〇三年、新校舎の新築が決まった。「遷喬」の名は、詩経の小雅《しょうが》一節「出自幽谷遷于喬木」から採られたもので、山田方谷が命名したと伝えられている。鶯が深く暗い谷（幽谷）を飛び立ち、高い木（喬木）に移る（遷）ことを、学問に励んで立身出世することにたとえ、「遷喬」としたといものである。

方谷は遷喬尋常小学校の前身となる明新館《めいしんかん》で教鞭を執っており、明新館の名付け親も方谷であった。

校舎は木造二階建て、敷地面積六〇一・二平方メートル、中央棟はスレート葺き、左右両翼棟は桟瓦葺き、ファサードは玄関を中心とした左右対称である。中央棟のデザインは、両翼の教室棟に比べ大掛かりである。ポーチのない玄関部分は、切妻の破風《はふ》を持つ左右棟から少し奥まった位置に置かれている。中央棟のマンサード屋根には校章をあしらったドーマーウィンドーが置かれ、校章は帆走する高瀬舟をイメージしたものである。両棟の破風部分には鎧戸のような窓が嵌めこまれている。

基壇は、花崗岩の切石《きりいし》の間に煉瓦をイギリス積みしたもので、煉瓦の間にはアーチの通気口を開けている。外壁は下見板張りを基本とし、一階と二階の床位置は竪羽目の胴蛇腹を巡らせている。一階と二階の窓上部と、玄関の左右と円弧状方杖《えんこじょうほうづえ》の上は、筋交いを見せたハーフティンバーとし、筋交いは中央・両翼棟の全体に連続して表現されている。軒は見上板張りで、一間《けん》（一メートル八二〇センチメートル）ごとに持ち送りを配している。

中央棟の一階は北側に廊下、南側には職員室と教室、その背後には準備室と宿直室、応接室を配している。螺旋状《らせんじょう》の階段を二階に上がると、柱のない約一八メートル×一三・六メートルの講堂に出る。二重折上格天井《にじゅうおりあげごうてんじょう》には、節のない真庭産檜の柾目材《まさめざい》が使われている。両翼棟は一階二階共、北側片廊下、南側教室である。

小学校としての役目を終えたのは一九九〇年（平成二）である。老朽化が進んだ一九七二年（昭和四十七）には危険校舎の指定を受け、校舎の取り壊しが検討された。ところが、卒業生や町民、建築関係者などから保存の声があがり、「木造遷喬小学校の保存と利用を考える会」や「旧遷喬小学校跡地利用検討委員会」が組織された。遷喬小学校への注目が深まったのは、一九九〇年に久世町が主催した「広報サミット」を遷喬小学校で開催してからである。それ以降遷喬小学校は、久世町のシンボルとなり、映画「ALWAYS三丁目の夕日」やテレビドラマのロケ地に選ばれるようになった。ハイカラ学校で「ナツカシノ」学校給食を提供するイベントなど、近代化遺産の活用には行政も積極的で、『あなたの街の近代化遺産ガイドブック（岡山県文化財保護協会、二〇〇七年）』は、「近代化遺産としての価値を明らかにし、広く公開、活用し、地域の人々の宝として、後世に伝えていくことが大切です」と記している。

旧旭東幼稚園園舎

旭東小学校附属幼稚園園舎は、一九八〇年（昭和五十五）の園舎建て替えによって解体される運命にあった。ところが、明治時代の木造園舎を惜しむ声が高くなったことから、一九九九年（平成十一）、岡山市立中央図書館の隣に移築・復元された。

旭東幼稚園の歴史は、岡山県師範学校附属小学校の進藤卓範訓導が、小橋町国清寺に一八八五年（明治八）設立した私立川東幼稚保育場に始まる。旭東尋常小学校の付属施設として、八角園舎が竣工したのは一九〇八年（明治四十一）であった。岡山大空襲の被災は免れたが、老朽化が進んだことから、一九六三年（昭和三十八）、危険園舎に指定された。県内には八角園舎が多数建設されたが、順次姿を消し、現存するのは倉敷幼稚園舎（現在の倉敷市歴史博物館）との二棟となった。

旧旭東幼稚園園舎

一九七六年（昭和五十一）、「旭東幼稚園園舎及び旭東小学校体育館の改築と旭東幼稚園

舎の保存」が市議会で採択され、園舎の保存に向けた動きが現れた。一九七八年（昭和五十三）に実測調査が行われ、一九八〇年一月十八日には、現時点での解体保存もやむをえないとしながら、将来の復元に向けて岡山市重要文化財に指定された。園舎は一九八二年に解体され、部材保存された。部材を可能な限り補修・再現され、取り替え材も可能な限り旧状に復元された。

一九九六年（平成八）には、門田屋敷本町から旭川をわたった二日市での復元が決まり、一九九九年（平成十一）三月二十六日の復元完成式を迎えた。

　中心棟は四方に観音開きの扉を持つ遊戯室である。桁行一辺五・四六メートルの正八角形《せいはっかっけい》寄棟造《よせむねづくり》桟瓦葺《さんがわらぶ》き、銅板葺《どうばんぶ》き八角形《はっかっけい》小屋根付《こやねづ》きである。四方には観音開きの出入口を持ち、残り四面の三面には保育室、一面は片廊下で保母室、応接室、小使室、玄関、便所が配されている。

　八角園舎は東京都、神奈川県、北海道にも建てられたが、まとまって造られたのは岡山県だけであった。その中でも旭東幼稚園舎は一番古い建物であるという。当時は、屋外保育という考えが少なく、遊戯室が集団行動の中心地として使われていた。中央に八角形の遊戯室を置き、放射線状に建物を配置するスタイルは、当時の保育思想に立ったものだと言われている。日本のフレーベルと称された倉橋惣三が「梅鉢式幼稚園」と称えたと伝えられているが、大正時代以降は建てられなくなった。しかしながら、梅鉢形と呼ばれる八角形遊戯室は継承された。

基壇は花崗岩の切石、外壁はイギリス下見板張を基本とし、腰板は竪羽目、窓上部には筋交いをデザインとして見せたハーフティンバーとしている。江川三郎八の意匠である。遊戯室は竿縁天井で、遷喬尋常小学校などとは趣を異にしている。

〈其の二〉――――――――――――――――――――國冨　和夫

(一)旧日本銀行岡山支店（ルネスホール）

明治期の国立銀行

明治五年、時の政府は、金融や経済についての制度確立や進展を図るため、太政官布告として「国立銀行条例」を公布し、全国に銀行の設立を促した。まず初めに第一国立銀行から第五国立銀行までが開設され、その後兌換貨幣との交換義務の廃止や不換紙幣の発行を可能にした「国立銀行条例」の改正を行い、その結果銀行は全国に急増し、明治十一年には一五三行を数えるまでになった。この時期、県下では、岡山市に第二十二国立銀行が、高梁市に第八十六国立銀行が設立された。このころの国立銀行は国が設立した国営銀行ではなく、民間資本が国の法律に基づいて設立した銀行ということであり、その後第二十二国立銀行は安田銀行（現・みずほ銀行）に吸収され、第八十六国立銀行は第一合同銀行を経て他行と合併し、現在の中国銀行の礎となっている。

その後、明治十五年、中央銀行である日本銀行が設立され、紙幣発行も唯一日本銀行が行うようになり、今までの国立銀行＝ナンバー銀行は普通銀行となり、そのため多くの民間銀行が誕生した。ちなみに新潟県の第四銀行、岐阜県の十六銀行、香川県の百十四銀行などは現在も歴史のある創業時の名を留めている。

日本銀行岡山支店の開設

当時、岡山県は日本銀行大阪支店の管轄だったが、大正期に入ると、当時第一合同銀行頭取だった大原孫三郎らによる岡山への支店誘致運動、また、時の日本銀行副総裁を務めていた小田郡矢掛町出身の木村清四郎の尽力もあり、大正九年、日本銀行の一五番目の支店となる岡山支店の開設が決定した。

建設用地は岡山城二の丸跡の岡山医学専門学校の跡地（岡山医専は現在の岡山大学医学部がある鹿田町に移転）とし、銀行建築の第一人者であった長野

日本銀行岡山支店

宇平治に設計を依頼した。新潟県出身の長野は帝国大学工科大学造家学科を卒業、東京駅や日本銀行本店を設計した当時の日本建築界の重鎮、辰野金吾の教えを受け、名古屋、京都、函館、神戸など各地の日本銀行支店、また三井銀行神戸支店、広島支店、日本橋支店、下関支店を手掛け、銀行以外にも奈良県庁、大倉山記念館等の名建築も設計している。

また、工事施工は辰野金吾の教え子、山本鑑之進が設立した工務店を引き継いだ藤木工務店が請け負った。そして大正十年一月に着工、翌十一年三月に竣工、四月一日から支店長以下二六名の行員により業務が開始された。

外壁は鉄筋コンクリート造、石造、煉瓦造の混構造で（大正十二年の関東大震災以降煉瓦造りは耐震性に劣るとして用いられなくなったため、日本銀行最後の煉瓦造建築となった）延べ面積は五六〇坪、小屋組は寄棟コンクリート下地アスファルト葺鉄骨トラス構造で、鉄骨には八幡製鉄所製に交じって輸入材も使われている。電車通りに面したファサードはギリシャ洋式で、四本の丸柱はエンタシス、ピラスター（付柱）を含む柱頭にはアカンサス（西洋アザミ）をあしらったコリント式で、丸柱が支えるペディメントと共に均整のとれた美しさを見せている。

壁は煉瓦積みで外壁面に御影石を貼り、腰部分には一列の波状模様が彫り込まれ、地方経済の要としての緊張感にも似た威厳を感じさせる仕上がりとなっていて、正面から見上げると堂々たる佇まいである。この壮麗な建物も戦時中は空襲を避けるためコールタールで真っ黒に塗られていた時期もあったという。戦後は、業務拡大に伴い金庫室を増築、また昭和四十一年には水島工業地帯の発展による経済圏の拡大に対応するため地上二階地下一階の金庫館も新たに建設したが、昭和五十年以降の業務機械化により既存建物が現状のままでは手狭で、業務に差し支えるようになり、昭和六十二年十月、北へ二〇〇メートルほどの旧岡山日赤病院跡地へ新築移転し、その役割を終えた。

ルネスホールとして再生

その後平成元年、岡山県に売却された旧日銀岡山支店は、当初、県立図書館の移転候補地として検討されたが、歴史的建造物として保存の面から疑問の声も上がり、平成十年に白紙に戻され、翌十一年に「旧日銀岡山支店を活かす会」が設立され検討が進められた結果、県は「音楽を中心とした多目的ホール」として整備することを決定。平成十七年、「おかやま旧日銀ホール」（愛称ルネスホール）として新たな役割を担うことになった。

本館の北側に新たに設けられたエントランスホールへ入ると右手が二九八席三九一平方

メートルのホールになっている。耐震補強工事や音響設備のため銀行当時のままではないが、吹き抜けの高い天井、漆喰調の白い壁などクラシックな雰囲気はジャズや室内楽のコンサートにふさわしい空間となっている。エントランスホールを奥（東）へ進むと左手にかつての文書保管庫を改装した「公文庫カフェ」がある。当時のままの重厚な金庫扉の奥の店内には、街の喧騒とは無縁の静けさがある。

隣接する金庫棟も当時の面影を残し、地階はスタジオ、一階はギャラリー、二階はワークルーム・会議室として再生され、また、かつては堅固な石塀にかこまれていた中庭もイベントやコンサートに使われる開放的な都市型庭園になっている。銀行としての役割は終えたが、この岡山を代表する明治の洋館は、都市のオアシス、文化活動の拠点という新たな役割を担うことにより、見事に再生した近代化遺産といえるだろう。

(二) 旧第一合同銀行倉敷支店（中国銀行倉敷本町出張所）

白壁の街の洋風建築

倉敷美観地区のほぼ中央、大原美術館から阿智神社のある鶴形山へ抜ける道に沿って二〇〇メートルほど行くと二階建ての西洋建築がある。最近まで中国銀行倉敷本町出張所として使われていたが、もとは大正十一年八月に第一合同銀行倉敷支店として建てられたもので、第一合同銀行は大正六年、岡山県下六行（倉敷銀行・天満屋銀行・鴨方倉庫銀行・倉敷商業銀行・茶屋町銀行・日笠銀行）の合併によって誕生、母体となった倉敷銀行頭取の大原孫三郎が頭取に就任した。本店は岡山市で、倉敷支店新築に当たっては、中核支店にふさわしい建物を目指し、陸軍省技師で大原家の建築顧問でもあった薬師寺《やくしじ》主計《かずえ》に設計を依頼、建築工事は日本銀行岡山支店と同じく藤木工務店が請け負った。

　建物本体は鉄筋コンクリート造二階建てだが、壁は煉瓦造と石造、屋根部分は鉄骨ではなく、木造小屋組スレート葺（現在は銅板葺）という珍しいもので、外壁の基礎部分は北木島産御影石の風合いを生かしたルスティカ積み、壁は塗布したモルタルの表面を加工し石積み風に仕上げている。

中国銀行倉敷本町出張所

北側正面にはドリス式の付柱を六本、西側には四本配し、柱間の窓上部の半円形丸窓には美しいステンドグラスがはめ込まれている。このステンドグラスは、大阪市中央公会堂、萬翠荘（松山市）などのステンドグラスも手掛けた名工・木内真太郎が制作したもので、この建物の魅力のひとつと言えるだろう。また屋根にも半円形のドーマー窓が設けられていて、同時期に建てられた同じ銀行でも、日本銀行岡山支店のような襟を正した重厚さがなく、商業銀行らしいルネサンス風の明るい親近感のある建物は白壁の街並みにもよく調和している。

薬師寺主計の建築

その後も薬師寺は、昭和二年、岡山市に完成した第一合同銀行本店（後の中国銀行本店、現存せず）、昭和五年十一月に開館した大原美術館本館の設計を手掛けている。

旧中国銀行本店は地上三階、地下一階、厳めしいドイツ風の外観にアール・デコの内装を施した極めて斬新なもので、ル・コルビュジェに初めてまみえた日本人建築家、薬師寺の代表作ともいえる名建築だったが、平成元年の新本店建築に伴って解体され、新本店の玄関に遺されたアロエをデザインした当時のレリーフや、正面窓のデザインなどが僅かに当時の面影を今に伝えている。

大原美術館は、大原孫三郎が私財を投じて建設した日本初の西洋美術館で、今では、倉敷川に沿った江戸期の町並みと共に倉敷を代表する景観になっているが、当時、一地方都市に忽然と現れたギリシャ神殿風建築（建築様式は米国の公共施設によく見られたボザール様式と言われている）は、美術館という施設自体が珍しいこともあり、周囲からは好奇の目で見られたという。

この時期、金融恐慌を機に景気は低迷し、倉敷紡績でも経常赤字が予想された。そのため、設計にあたった薬師寺は、建設コストを切り詰めるため、一見大理石風の中央二本のイオニア式オーダーや上部のペディメントにも、石の代わりに粉砕した石灰石を着色セメントに混ぜた人造石を使うなどの工夫を重ねた。このため美術館前の今橋が一万六〇〇〇円かかったのに対し、美術館の建築費は五万五〇〇〇円に抑えられたという。

その後、大原總一郎により日本の近代絵画や欧米のモダンアート、柳宗悦の民藝運動に賛同する芹沢銈介や濱田庄司、棟方志功らの作品が収集され、浦辺《うらべ》鎮《しず》太郎《たろう》設計による展示施設の拡張などが進められた。大原美術館は、「わしの眼は十年先が見える」というのが口癖だったという大原孫三郎と、それを支えた気鋭の建築家 薬師寺主計、孫三郎の子・

總一郎と浦辺鎮太郎が残した未来への遺産といえるだろう。

平成二十七年、旧第一合同銀行倉敷支店は大原美術館へ寄贈されたという。新たなコレクションの展示施設として開館され、蘇る日を期待したい。

(三) 旧陸軍第十七師団岡山偕行社（岡山県総合グランドクラブ）

平成二十七年十一月八日、中四国最大規模の市民マラソン「岡山マラソン」第一回大会が開催された。岡山県総合グランドをスタートした一万三〇〇〇人のランナーが国道五三号線を埋め尽くす圧巻な光景は記憶に新しい。

かつて帝国陸軍第十七師団の練兵場だったこの地が市民公園に生まれ変わったのは、昭和三十七年の第一七回国民体育大会岡山大会のメイン会場として整備されてからで、ちなみに現在の岡山大学津島キャンパスは、師団司令部や兵舎、武器庫などの軍事施設が置かれていたところである。

岡山県総合グランドのメインエントランスを入ると、アリーナの西側に堂々とした洋館が見える。現在は研修施設「岡山県総合グランドクラブ」として使われているが、明治四十三年十月、帝国陸軍第十七師団岡山偕行社として建てられたもので、偕行社とは陸軍将校の親睦組織として明治の初め頃に設立され、師団ごとに全国各地に設けられ、特に主要都市には社交場・迎賓館としてもふさわしい立派なものが建てられたという。全国に設けられた偕行社だが、いまでは、旭川偕行社、金沢偕行社、善通寺偕行社、そしてこの岡山偕行社など六ヵ所を残すのみで、岡山でも代表的なの明治洋風建築の一つである。

木造二階建、寄棟造、外観は左右対称のルネサンス洋式で、正面中央は半円形の櫛形（テュンパノン）ペディメント、屋根には棟飾飾りが付く。イオニア式円柱と角柱が、徳利形の欄干のあるバルコニーを支えている。両翼のペディメントには円形の明り窓を設け、外壁は下見板張り、上げ下げ窓、基礎は花崗岩の布積みとし、陸軍の施設らしい風格と威厳を示している。落成当時は一段高い敷地に建てられていたようで、威風堂々たる姿が想像できる。

岡山県総合グランドクラブ

戦後、一時進駐軍に接収されていたが、昭和二十五年からは労働基準監督署が置かれ、その後は移築されスポーツ団体の合宿所などとして利用されていた。そして平成十五年、第六〇回国民体育大会開催に伴う公園整備が行われ、再度西側に移築された。

玄関を入ると廊下の両端に階段室が設けられている。洋館の見所の一つが階段だと言われるが、こちらも創建当時の物で、柱頭に☆が彫られた装飾が美しい。一階南側は、キューティパイ倶楽部というカフェになっていてクラシックな空間でランチやスイーツを楽しむこともできる。前庭は煉瓦で舗装され今風になってしまったが、東側（裏手）は池を前にして木々に囲まれ、明治の洋館らしい落ち着いた佇まいを残している。かつては陸軍の将校達が軍靴を響かせた岡山偕行社だが、戦後七十余年を経た今、市民やアスリートが集う憩いの場として親しまれている。

旧軍事施設は戦争遺産とも呼ばれ、砲台跡や地下壕のように無骨なものが多く、積極的に保存されてきたとは言い難い。そうした中で岡山偕行社のように当時の姿を留め、一〇〇年を超えてなお公共施設として使われているのは、建築として優れていたことは勿論だが、多くの人たちの保存・活用への熱意の賜物といえるだろう。

(四)岡山禁酒會舘――街角の大正ロマン

旧日本銀行岡山支店（ルネスホール）から電車通り沿いに北へ進むと、岡山シンフォニーホールの向い辺りに一際目立つ古い洋館がある。大正十二年に建てられた一般財団法人岡山禁酒會舘で、正面の禁酒會舘の大きな黄色い文字が看板のようによく目立つ。また最近、南側のビルが解体されて駐車場になり、それまでビルに隠れていた岡山城西の丸西手櫓と石垣も見えるようになり、電車通りに新たな景観が生まれた。

この禁酒會舘という変わった名前は、キリスト教系の組織である岡山県禁酒同盟が活動拠点として建築したという歴史による。禁酒運動とは、社会不安などの悩みを飲酒で逃れようとする人の救済と啓蒙を目的に十九世紀頃からヨーロッパで広まった運動で、日本でも明治期に全国各地で、宗教団体などが中心になって禁酒同盟が結成された。その後各地の禁酒同盟は全国組織に統合され、現在は一般財団法人日本禁酒同盟となっていて、岡山禁酒會舘は、戦前から受け継がれる唯一の施設だという。

木造三階建、モルタルの表面を掻き落したドイツ塗り壁とタテ長に貼った白いタイルの直線的構成で、寄棟菱形スレート葺で外側に腰折れ式に二段勾配を付けたマンサード屋根が特徴的である。現在は、一階北側にキリスト教関係の出版物専門の書店、CLCブックス、南側はラヴィアンカフェというコーヒーとカレーの店になっていて、ネル・ドリップで淹れた濃い目のコーヒーが天井の高い、やや暗めの店内によく似合う。店の奥は中庭に通じていて、庭越しに西手櫓の石垣も見える。

南側のやや軋む狭い階段を上ると、二階は学校の教室ほどのホールと四坪ほどの小さなギャラリーがあり、他にはないレトロな趣と、市の中心部にという地の利から、ライブや地元アーティストの個展などがよく開かれている。三階には四畳半から六畳ほどの小部屋が並んでいて、出版社（雑貨）やNPO、趣味の団体などの事務所や店になっている。

建築当時は一階が大衆食堂で、コーヒー、ライスカレー、會舘ランチなどハイカラなメニューで人気を集めたという。また二階には集会場、三階には和洋七室の宿泊室が設けられていたというから、二、三階の間取りや造作は、現在も当時のままと言っていいだろう。三階へ上がってみると、木枠のガラス窓から入る中庭の陽光が廊下を淡く照らし、時の流れが止まったかのような佇まいである。料理などを階上に運搬したダムウェーター（小荷物専用昇降機）も残されている。

昭和二十年六月二十九日の岡山大空襲では、街の中心部がほとんど焼失した中で奇跡的に焼け残った。その後、老朽化のため解体する計画も持ち上がったが、市民グループの運動などで保存・活用の方向になったという。一階部分の改装や菱形スレート葺の屋根の上部が鋼版葺になる等の変遷はあったが、永く市民に愛されてきた街角の大正ロマン、禁酒會館は、数少ない現役の文化遺産としてまもなく築後一〇〇年を迎えようとしている。

岡山禁酒會館

●参考文献・資料●

『兒島灣開墾史』井上径重　岡島書店　1902年
『兒島灣開墾史附録開墾工事方法』井上径重　岡島書店　1903年
『児島湾干拓資料拾集録』井上敬太(編)同和鉱業株式会社　1967年
『高梁川東西用水組合沿革誌』　高梁川東西用水組合　1923年
「土木建築工事画報」第3巻第1号　1927年
『高梁川改修工事概要　附 高梁川東西用水組合工事』　内務省大阪土木出張所　1925年
『高梁川東西用水組合沿革誌　續編』　高梁川東西用水組合1929年
『中国地方電気事業史』中国地方電気事業史編集委員会　中国電力　1974年
『岡山県の近代化遺産－岡山県近代化遺産総合調査報告書－』岡山県教育庁文化財課　岡山県教育委員会　2005年

＜以上・樋口輝久＞

『ワイド版 新版 角川日本史辞典』朝尾直弘・宇野俊一・田中琢編　角川書店　1997年
『生い立ち之記』江川三郎八　私家版　1929年
『稲垣兵衛翁』久米龍川編　岡山縣人社　1940年
『日本歴史人物事典』小泉欣司編　朝日新聞社　1994年
『日本鉱山史の研究』小葉田淳　岩波書店　1968年
『評伝 坂本金弥－実業家編－』坂本昇　岡山県立記録資料館編
『岡山県立記録資料館 紀要』第11号　岡山県立記録資料館　2016年
『磯崎眠亀・錦莞莚』佐藤圭一　磯崎眠亀顕彰会　2008年
『男爵近藤廉平伝』末田一雄　ゆまに書房　1998年
『下村紡績所』隅田直一　児島鷲羽ライオンズ・クラブ　1988年
『中庄村誌』中村常三郎編　中村巌　1933年
『ふきやの話』長尾隆　私家版　1994年第9版
『倉敷市史』永山卯三郎編第3冊　名著出版　1973年
『早川代官』永山卯三郎　岡山縣教育會　1929年
『別子開坑二百五十年史話』平塚正俊　住友本社庶務課編　住友本社　1941年
『備中湛井十二箇郷用水史』藤井駿・加原耕作　湛井十二箇郷組合　1976年
『備中誌』上編　吉田徳太郎　私家版　1903年　日本文教出版復刻　1962年
『備中誌』下　吉田研一　1903年　日本文教出版復刻　1977年
『磯崎眠亀と錦莞莚』吉原睦　日本文教出版岡山文庫(253)　2008年
『岩崎彌太郎傳』下　岩崎彌太郎・岩崎彌之助傳記編纂會編　岩崎彌太郎・岩崎彌之助傳記編纂會　1969年
『岩崎彌之助傳』下　岩崎彌太郎・岩崎彌之助傳記編纂會編　岩崎彌太郎・岩崎彌之助傳記編纂會　1971年
『石見銀山遺跡総合調査報告書』石見銀山歴史文献調査団編第6冊　島根県教育委員会文化財課　2002年
『石見銀山関係論集』石見銀山歴史文献調査団編　島根県教育委員会　2002年

『安原備中関連史料集』石見銀山歴史文献調査団編　島根県教育委員会　2007年
『明治四十三年陸軍特別大演習記念寫眞帖』岡山県編　岡山県　1910年
『教育時報』2010－9　岡山県教育委員会編　岡山県教育委員会　2010年
『岡山の近代化遺産-岡山県近代化遺産総合調査報告書-』岡山県教育庁文化財課編
岡山県教育委員会　2005年
『岡山県歴史人物事典』岡山県歴史人物事典編纂委員会編　山陽新聞社　1994年
『岡山県史』第10巻 近代Ⅰ　岡山県史編纂委員会編　岡山県　1986年
『岡山県史』第11巻 近代Ⅱ　岡山県史編纂委員会編　岡山県　1987年
『岡山市指定重要文化財 岡山市立旭東幼稚園旧園舎復元報告書』岡山市教育委員会編
岡山市教育委員会　2000年
『岡山市史』産業経済編　岡山市史編集委員会編　岡山市役所　1966年
『国立歴史民俗博物館蔵貴重典籍叢書』歴史篇第15巻〈延喜式4〉館蔵史料編集会編
臨川書店　2000年
『国立歴史民俗博物館蔵貴重典籍叢書』歴史篇第16巻〈延喜式5〉館蔵史料編集会編
臨川書店　2000年
『きびつ』吉備津神社社務所編第25号　吉備津神社社務所　1995年
『旭東幼稚園のあゆみ』旭東幼稚園PTA園誌編集部編　旭東幼稚園PTA　1980年
『伸びゆく倉敷』倉敷郷土誌編集委員会　倉敷市教員組合　1952年
『新修倉敷市史』第5巻近代Ⅰ　倉敷市史研究会編　倉敷市　2002年
『回顧六十五年』倉敷紡績社史編纂委員編　倉敷紡績　1953年
『倉敷紡績百年史』倉敷紡績編　倉敷紡績　1988年
『近代化産業遺産群』続33　経済産業省編　経済産業省　2008年
『写真集 岡山県民の明治 大正』山陽新聞社編　山陽新聞社出　1987年
『創業百年史』社史編纂委員会編　同和鉱業　1985年
『石見銀山遺跡総合調査報告書』第1冊【遺跡の概要】 島根県教育委員会（文化財課）編
島根県教育委員会文化財課　1999年
『泉屋叢考』第５輯　住友修史室編　1954年
『泉屋叢考』第11輯　住友修史室編　1956年
『泉屋叢考』第12輯　住友修史室編　1960年
『住友の歴史』上巻　住友史料館編　思文閣出版　2013年
『高梁川東西用水組合沿革史』高梁川東西用水組合編　高梁川東西用水組合　1923年
『高梁市史』高梁市史編纂委員会編　高梁市　1979年
『三井物産株式會社造船部二十年史』玉造船所編　玉造船所　1938年
『玉野市史』玉野市史編纂委員会編　玉野市役所　1970年
『都窪郡誌』(全)　都窪郡教育会編　名著出版　1926年発行　1971年再発行
『高梁市立吹屋小学校校舎調査報告書』独立行政法人文化財研究所奈良文化財研究所編
高梁市教育委員会　2005年
『成羽町史』通史編　成羽町史編集委員会編　成羽町　1996年
『岡山県の地名』平凡社地方史料センター編日本歴史地名大系34　平凡社　1998年

『三井造船株式会社75年史』三井造船株式会社75年史編纂委員会編　三井造船　1993年
『会社案内』三井造船株式會社玉野事業所編　三井造船株式會社玉野事業所
『三菱鉱業社史』三菱鉱業セメント株式会社総務部編纂室編　三菱鉱業セメント　1976年
『三菱社誌』18　三菱社誌刊行会編　東京大学出版会　1980年
『犬島の石　嫁ぎ先発見の旅　犬島物語』犬島再発見の会代表在本桂子　2006年
『大塚家(吹屋)文書』25　(岡山県記録資料館蔵)
『岡山縣古文書集』第3輯　藤井駿　水野恭一郎　山陽図書出版　1956年
『月刊文化財』526号　第一法規　2007年
『偲び草－磯崎龍子郎著作集』磯崎キヌエ　1998年
『就実大学史学論集』就実大学総合歴史学科　2005年
『新建築』2008-5　新建築社　2008年
『別子三〇〇年の歩み』住友金属鉱山　1991年
『三井物産株式會社造船部二十年史』フジミ書房　2004年 (原本は玉造船所編集1938年発行)
『Sites of Japan's Meiji Industrial Revolution, Kyushu-Yamaguchi and related areas』World Heritage Nomination　Japan Government　2014

＜以上・小西伸彦＞

『産業遺産を歩こう』平井東幸編　著東洋経済新報社　2009年
『岡山県の近代化遺産－岡山県近代化遺産総合調査報告書』岡山県教育委員会編　2005年
『土木コレクション2014 HANDS+EYES』土木学会編　2014年
『土木コレクション2015 絵画・図面にみる近世・近代の岡山』樋口輝久　2015年
『日本の土木遺産』土木学会編　講談社ブルーバックス　2012年
『日本の近代遺産』近代遺産選出委員会編　日本経済新聞社　2009年
『図解・橋の科学』土木学会関西支部編　講談社ブルーバックス　2010年
『アール・デコの建築家　薬師寺主計』上田恭嗣　山陽新聞社　2003年
『日本の近代建築 上・下』藤森輝信　岩波新書　1993年
『おかやま歴史の旅百選』吉備人出版編集部編　吉備人選書　2004年
『岡山の明治洋風建築』岡山文庫76　中力昭　日本文教出版　1977年
『岡山の銀行－合併・淘汰の150年』岡山文庫299　猪木正実　日本文教出版　2016年
『岡山の自然と文化・郷土文化講座３３』岡山県郷土文化財団　2014年
『わしの眼は十年先が見える・大原孫三郎の生涯』城山三郎　新潮　1997年
『絵図で歩く岡山城下町』岡山大学付属図書館編　吉備人出版　2009年
『近代化遺産を歩く』増田彰久　中公新書　2001年
「推奨土木遺産」土木学会ホームページ　解説記事
「岡山の歴史的土木遺産」岡山県土木管理部ホームページ
「水道の歩み」岡山市水道局・横浜市水道局ホームページ
「にちぎん」NO37　日本銀行岡山支店ホームページ

(以上・國冨和夫)

あとがきにかえて

「富岡製糸場と絹産業遺産群」や「明治日本の産業革命遺産　製鉄・鉄鋼、造船、石炭産業」がユネスコの「世界遺産」に登録されるなど、これまで取り上げられる事が少なかった幕末から明治、大正、戦前の昭和にかけての建造物や機械設備が文化財である「近代化遺産」として注目され、観光名所として地域の活性化にも貢献するようになった。

これら近代化によって生まれた建造物などには、今なお現役で地域の生活を支えている施設、新たな目的で再生、活用された公共施設なども多い。人々の営みを今に伝え、懐かしさも感じさせてくれるこれら「近代化遺産」は、現在の生活と一線を画した「遺物」や「遺跡」ではなく、近代から現代へ、また次の世代へと続く歴史の架け橋だということもできるだろう。

本書では、県下の「近代遺産」のいくつかを訪ね歩き、郷土の先人たちの努力と心意気を紹介したい。なお今回訪ねたのは、数ある県内の「近代化遺産」のほんの一部だが、本書が身近にある様々な「近代化遺産」の再発見と、その保存や活用に目を向けるきっかけになれば幸いである。

倉敷ぶんか倶楽部

倉敷ぶんか倶楽部

倉敷ぶんか倶楽部（会長・小野敏也）は、1996年12月に郷土岡山の文化・歴史について、ときの流れのなかに埋もれたものや忘れかけているものの掘り起こし、また、いまあるものへの思索、そして新しいものへのかかわり、それらのコミュニケーションを視野にいれた活動を目的として発足。個々のもつ特異な能力を活かした地域への貢献をめざす。

〒700-0823 岡山市北区丸の内1-1-15 岡山禁酒會館　書肆亥工房内
E-mail：ishigai@snow.plala.or.jp

岡山文庫　306　岡山の近代化遺産再発見

平成29年5月26日　初版発行

編　者　　倉敷ぶんか倶楽部
編　集　　石井編集事務所書肆亥工房
発行者　　塩見千秋
印刷所　　株式会社二鶴堂

発行所　岡山市北区伊島町一丁目4-23　日本文教出版株式会社
電話岡山(086)252-3175(代)　振替01210-5-4180(〒700-0016)
http://www.n-bun.com/

ISBN978-4-8212-5306-7

● 岡山県の百科事典

二百万人の **岡山文庫**

○数字は品切れ

1. 岡山の植物・西原礼之助
2. 岡山の祭と踊・神野 力
(3). 岡山の焼物・桂 又三郎
4. 岡山の古墳・鎌木義昌
5. 岡山の民家・鶴藤鹿忠
6. 岡山の文学碑・山本遺太郎
7. 岡山の仏たち・脇田秀太郎
8. 岡山の動物・松本邦夫
9. 岡山の鳥・杉 鮫太郎
10. 大原美術館・藤田慎一郎
11. 岡山後楽園・宗定克則・杉 鮫太郎
12. 岡山歳時記・吉岡三平
13. 岡山の建築・巌津政右衛門
14. 瀬戸内海・緑川洋一
15. 岡山の民芸・外村吉之介
(16). 吉備路・神野 力
17. 岡山の魚・青木五郎
18. 岡山の昆虫・倉敷昆虫同好会
19. 岡山の城と城址・藤井 駿・市川俊介
(20). 岡山の果物・三宅忠一
21. 岡山の風物・岡山県広報協会
22. 吉備の女性・吉岡三平
(23). 岡山の伝説・立石憲利
24. 岡山の酒・小出 巌・西原礼之助
(25). 岡山の街道・山陽新聞社
26. 岡山の絵画・脇田秀太郎・巌津政右衛門
(27). 水島臨海工業地帯・平方与平
28. 岡山の旅・岡山県観光連盟
29. 蒜山高原・二若・富国・徳山
30. 岡山の歌謡・英 玲二
(31). 岡山の遺跡めぐり・間壁忠彦・葭子
(32). 備前焼・小山冨士夫・藤原 啓・中村昭夫
33. 岡山文学風土記・大岩徳二
34. 美作路・小山健三
35. 岡山の俳句・塩尻青笳・島津青沙
36. 岡山音楽夜話・保田太郎
37. 閑谷学校・巌津政右衛門・坂本一夫
38. 岡山の川柳・弓削川柳社
39. 岡山の民話・岡山民話の会
(40). 岡山の刀剣・小林種次
41. 岡山の短歌・杉 鮫太郎・藤原幾太
42. 岡山の医学・中山 沃
43. 岡山の蘭草・鈴木尚夫・中村昭夫
(44). 岡山の人物・黒崎秀明
(45). 岡山の駅・難波数丸
46. 岡山の現代詩・坂本明子
47. 岡山の交通・藤沢 晋
(48). 岡山の教育・秋山和夫
(49). 備中神楽・山根堅一・坂本一夫
50. 岡山の民具・鶴藤鹿忠
(51). 岡山の宗教・長光徳和
52. 吉備津神社・藤井 駿・坂本一夫
53. 岡山の貨幣・原 三正
(54). 岡山の古戦場・多和和彦
55. 岡山の石造美術・巌津政右衛門
(56). 岡山の方言・十河直樹
57. 岡山の歴史・柴田 一
58. 岡山事物起源・吉岡三平
(59). 高梁川・宗田克巳
(60). 岡山の干拓・吉岡三平・進 昌三
61. 岡山の電信電話・萩野 秀
62. 吉備高原・宗田克巳
63. 岡山のおもちゃ・吉永義光
64. 吉井川・宗田克巳
65. 岡山の港・巌津政右衛門
66. 岡山の絵馬と扁額・脇田秀太郎
(67). 旭川・宗田克巳
68. 岡山の温泉・石井 猛・圓堂 稔
69. 岡山の県政史・蓬郷 巌
70. 岡山の道しるべ・巌津政右衛門
71. 岡山の笑い話・稲田浩二・和子
72. 美作の歌舞伎芝居・二宮朔山
(73). 岡山の民間信仰・三浦秀宥
(74). 岡山の奇人変人・蓬郷 巌
75. 岡山の食習俗・鶴藤鹿忠
76. 岡山の明治洋風建築・中力 昭
77. 山陽路の地理散歩・宗田克巳
78. 岡山の風俗・蓬郷 巌
79. 岡山の海藻・大森長朗
(80). 岡山の書・佐藤英夫
81. 岡山浮世噺・岡 長平
82. 岡山の神社仏閣・市川俊介
83. 中国山地・三浦秀宥・竹内平吉郎
84. 岡山の島・巌津政右衛門
85. 岡山の山と峠・宗田克巳
86. 吉備の石ぶみ・井上雄風
(87). 岡山の怪談・佐藤米司
88. 岡山の自然公園・山陽カメラクラブ
89. 岡山の漁業・西川 太
90. 岡山の天文気象・石田五郎・佐橋 謙
91. 岡山の郵便・萩野 秀
(92). 岡山の鉱物・沼野忠之
93. 岡山のふるさと村・巌津政右衛門
94. 岡山の経済散歩・吉永義光
95. 岡山の庭・山本利幸・前田勝也
96. 岡山の匠・浅原 健
97. 岡山の童うたと遊び・立石憲利
98. 岡山の衣服・福尾美夜
99. 岡山の民俗・土井卓治・佐藤米司・鶴藤鹿忠
(100). 岡山の樹木・西原礼之助・古屋野寛

(101.) 岡山と朝鮮・西川 宏
102. 岡山の和紙・臼井英治
103. 岡山の艶笑譚・立石憲利
104. 岡山の文学アルバム・山本遺太郎
105. 岡山の映画・松田完一
106. 岡山の石仏・巌津政右衛門
107. 岡山の橋・宗田克巳
108. 岡山のエスペラント・岡 一太
109. 岡山の狂歌・蓬郷 巌
110. 百間川・岡山の自然を守る会
111. 夢二のふるさと・真田芳夫 葛原茂樹
112. 岡山の梵鐘・川端定三郎
113. 岡山の演劇・山本遺太郎
114. 岡山話の散歩・岡 長平
115. 岡山地名考・宗田克巳
(116.) 岡山の戦災・野村増一
117. 岡山の町人・片山新助
118. 岡山の会陽・三浦 叶
119. 岡山の石・宗田克巳
120. 岡山の滝と渓谷・川端定三郎
121. 岡山の味風土記・岡 長平
122. 目でみる岡山の明治・巌津政右衛門
(123.) 岡山の散歩道東西・佐藤米司
124. 目でみる岡山の大正・蓬郷 巌
125. 児島湾・同前峰雄

126. 岡山の庶民夜話・佐上静夫
127. 岡山の修験道の祭・川端定三郎
128. 目でみる岡山の昭和Ⅰ・蓬郷 巌
129. 岡山のふるさと雑話・佐上静夫
130. 岡山のことわざ・佐藤・次田 竹内・福尾
131. 目でみる岡山の昭和Ⅱ・蓬郷 巌
(132.) 瀬戸大橋・OHK編
133. 岡山の路上観察・香川・河原
134. 岡山の相撲・二宮朔山
135. 岡山の古文献・中野美智子
136. 岡山の門・小出公大
137. 岡山の内田百閒・岡 将男
138. 岡山の彫像・蓬郷 巌
139. 岡山の名水・川端定三郎
140. 両備バス沿線・両備バス広報室
141. 岡山の明治の雑誌・片山・来田 菱川
142. 岡山の災害・蓬郷 巌
143. 岡山の看板・河原 馨
144. 由加山・原 三正
145. 岡山の祭祀遺跡・八木敏乗
146. 岡山の表町・岡山を語る会
147. 逸見東洋の世界・臼井洋輔
148. 岡山ぶらり散策・河原 馨
149. 岡山名勝負物語・久保三千雄
150. 坪田譲治の世界・善太と三平の会

151. 備前の霊場めぐり・川端定三郎
152. 藤戸・原 三正
153. 矢掛の本陣と脇本陣・武・中山・岡田 池田・柴口
154. 岡山の図書館・黒崎義博
(155.) 岡山の戦国時代・松本幸子
156. 岡山の資料館・河原 馨
157. カブトガニ・惣路紀通
158. 正阿弥勝義の世界・臼井洋輔
159. 木山捷平の世界・定金恒次
160. 岡山の備前ばらずし・窪田清一
161. 良寛さんと玉島・森脇正之
(162.) 備中の霊場めぐり・川端定三郎
(163.) 岡山の多層塔・小出公大
164. 六高ものがたり・小林宏行
165. 下電バス沿線・下電編集室
166. 岡山の博物館めぐり・川端定三郎
167. 岡山の民間療法(上)・鶴藤鹿忠 竹内平吉郎
168. 吉備高原都市・小出公大
(169.) 玉島風土記・森脇正之
170. 洋学者箕作阮甫とその一族・木村岩治
171. 夢二郷土美術館・松田基 楢原雄一
172. 岡山のダム・川端定三郎
173. 岡山の森林公園・河原 馨
(174.) 宇田川家のひとびと・水田楽男
175. 岡山の民間療法(下)・鶴藤鹿忠 竹内平吉郎

(176.) 岡山の温泉めぐり・川端定三郎
177. 阪谷朗廬の世界・山下五樹
178. 目玉の松ちゃん・尾上松之助 中村房吉
179. 吉備ものがたり(上)・市川俊介
180. 中鉄バス沿線・中鉄バス㈱企画部
181. 飛翔と回帰―国吉康雄の西洋と東洋・小澤善雄
182. 岡山の智頭線・河原 馨
(183.) 出雲街道・片山 薫
184. 備中高松城の水攻め・市川俊介
185. 美作の霊場めぐり・川端定三郎
186. 吉備ものがたり(下)・市川俊介
187. 津山の散策にし ひがし・黒田 晋 竹内平吉郎
188. 倉敷福山と安養寺・前川 満
189. 鷲羽山・山本慶一 西田正憲
190. 和気清麻呂・仙田 実
191. 岡山たべもの歳時記・鶴藤鹿忠
192. 岡山の源平合戦談・市川俊介
193. 岡山の氏神様・二宮朔山
194. 岡山の乗り物・蓬郷 巌
195. 岡山・備前地域の寺・川端定三郎
196. 岡山ハイカラ建築の旅・河原 馨
(197.) 牛《うし》窓《まど》を歩く・前川 満
198. 岡山のレジャー地・倉敷ぶんか倶楽部
199. 斉藤真一の世界・斉藤裕重 イシイ省三
200. 巧匠 平櫛田中・原田純彦